普通高等教育经管类专业系列教材

ERP 沙盘模拟指导教程

——实物+电子+人机对抗

(第 3 版)

何晓岚　主　编

刘兆军　莫家健　副主编

清華大学出版社

北　京

内 容 简 介

本书详细介绍了ERP沙盘模拟的理论知识和实战操作。全书内容共分5章，前3章在ERP沙盘模拟简介的基础上，着重介绍了ERP实物沙盘和ERP电子沙盘两种经营形式，以及最新的人机对抗模式；第4章介绍了企业经营本质、企业基本业务流程等内容；第5章是参赛选手的实战总结，介绍了沙盘竞赛战术经验与常用策略等内容。本书立足教学，突出实用性，对广大ERP沙盘爱好者有一定的参考价值。

本书可作为大中专院校ERP沙盘模拟实训课程的教材，也可作为相关培训人员及参赛选手的参考书。

图书在版编目(CIP)数据

ERP沙盘模拟指导教程：实物+电子+人机对抗 / 何晓岚主编. —3版. —北京：清华大学出版社，2023.6
（2024.8重印）

普通高等教育经管类专业系列教材

ISBN 978-7-302-63604-5

I. ①E… II. ①何… III. ①企业管理－计算机管理系统－高等学校－教材 IV. ①F272.7

中国国家版本馆CIP数据核字(2023)第091394号

责任编辑：刘金喜
封面设计：范惠英
版式设计：思创景点
责任校对：马遥遥
责任印制：沈 露

出版发行：清华大学出版社
网 址：https://www.tup.com.cn，https://www.wqxuetang.com
地 址：北京清华大学学研大厦A座 邮 编：100084
社 总 机：010-83470000 邮 购：010-62786544
投稿与读者服务：010-62776969，c-service@tup.tsinghua.edu.cn
质 量 反 馈：010-62772015，zhiliang@tup.tsinghua.edu.cn

印 装 者：三河市人民印务有限公司
经 销：全国新华书店
开 本：185mm×260mm 印 张：11.25 字 数：216千字
版 次：2016年5月第1版 2023年6月第3版 印 次：2024年8月第2次印刷
定 价：49.00元

产品编号：100790-01

前 言

ERP沙盘模拟教学已经逐渐被全国各大中专院校接受并引进，其形式新颖、逼真，全面地展现了管理流程和理念，同时具备高度的趣味性和竞争性。ERP沙盘模拟教学的核心内容是构造一个模拟的市场环境，将学生分成若干团队，使其各自经营一家企业，从事若干会计年度的经营活动，综合运用战略、市场、财务、生产及物流等知识，解决企业经营中遇到的各类典型问题，在失败和成功的体验中以低成本构建专业知识体系，培养管理者所需的能力与素质。

本教程认真贯彻党的二十大精神，结合 ERP 沙盘模拟课程的特点，将价值塑造、知识传授和能力培养三者有机融合，同向发力，发挥铸魂育人实效，使学生能够熟悉实体企业运营，提升自我发展质量，紧跟时代步伐，顺应实践发展。

本教程以杭州百树科技有限公司最新研发的实物沙盘分析平台和百树电子沙盘V4.3(人机/人人)为教学工具，系统地阐述了 ERP 沙盘教学的两种主要形式，即实物与电子。这两种形式在一定程度上相辅相成，极大地促进了该教学形式的发展，深受诸多院校欢迎。据不完全统计，目前已有超过1500家的高等院校开设了此课程，也有超过1000所院校的经管专业将本课程定位为专业必修课程。

然而，无论是实物沙盘，还是电子沙盘，均存在以下弊端。

(1) 组织难度大，工作量大。

(2) 参与训练的学生人数有限。

(3) 学生无法进行自我反复训练。

为此，本教程介绍了一种最新的 ERP 沙盘学习模式——人机对抗。这是杭州百树科技有限公司研发的一种基于决策云平台、大数据支持的新型人工智能模式，与传统教学模式和教学工具完全兼容，既可以配合使用，也可以独立使用。在该模式下，由教师(裁判)给学员分配账套，学员可以运用所分配的账套进行自我训练。人机对抗模式具有以下特点。

(1) 学员兼具裁判和企业用户两种角色，且和电子沙盘两种角色的操作界面、流程完全相同，只要完成人机对抗训练，就可以无缝过渡到人人竞赛模式。

(2) 有多种对抗方案可以选择。

(3) 提供决策云支持，机器人队具有自我学习能力，可以自我修正经营决策。

(4) 突破时空限制，学生只要能上网，就可以进行自我训练和反复训练。

(5) 组织容易，不依赖于对手，一人成赛。

本教程由浙大城市学院何晓岚担任主编，辽宁商贸职业学院刘兆军和资深沙盘讲师莫家健担任副主编。具体分工如下：何晓岚负责编写第 1～4 章内容；楚万文负责编写第 5 章第 1～3 节内容；潘锦辉负责编写第 5 章第 4 节内容；莫家健负责编写第 5 章第 5 节内容；刘兆军负责统稿。

本版教材修订了部分错误，根据最新比赛的实际情况完善了第 5 章实战篇的内容。在编写过程中得到路晓辉、王新玲、柯明等人的启发和帮助，在此一并致谢！全书 PPT 课件可通过扫描下方二维码获取。

PPT 课件下载

由于作者水平有限，错误之处在所难免，恳请多提宝贵意见，以期日后提高完善。服务邮箱：476371891@qq.com。

编　者

2023 年 4 月

目 录

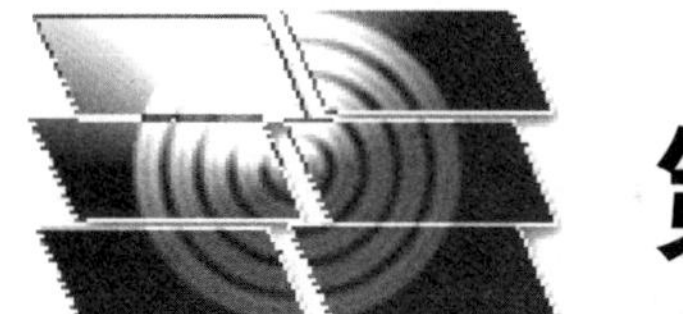

第1章 ERP沙盘模拟简介

这是管理者经营理念的“试验田”，是变革模式的“检验场”，即便失败，也不会给企业和个人带来任何伤害。

这是一场商业实战，“六年”的辛苦经营将把每个团队的经营潜力都充分激发，在这里可以看到激烈的市场竞争、部门间的密切协作、团队的高度团结，以及新掌握的经营理念得以迅速应用。

在模拟训练过程中，胜利者自然会有诸多经验与感慨，失败者也会在遗憾中进行总结。

1.1 ERP 沙盘的含义及起源

提到沙盘，人们自然会联想到战争年代军事作战指挥沙盘或房地产开发商销售楼盘时的规划沙盘，它们都清晰地模拟了真实的地形地貌，同时又省略了某些细节，让指挥员或顾客对形势有一个全局的了解。

管理大师德鲁克说：“管理是一种实践，其本质不在于‘知’，而在于‘行’；其验证不在于逻辑，而在于成果，其唯一权威就是成就。”由此可见管理教学实践的重要性，但是多年来一直缺乏有效的手段。ERP 沙盘将企业合理简化，但同时反映了经营本质，让学员在模型上进行实际演练，为管理实践教学提供了良好的手段。

1978 年，瑞典皇家理工学院的 Klas Mellan 开发了 ERP 沙盘模拟课程，之后该课程迅速风靡全球。现在国际上许多知名的商学院(如哈佛商学院、瑞典皇家理工学院等)和一些管理咨询机构都在用 ERP 沙盘模拟课程对职业经理人、MBA、经济管理类学生进行培训，以期提高他们在实际经营环境中的决策和运营能力。我国诸多院校也相继引进 ERP 沙盘模拟课程进行教学。

1.2 ERP 沙盘模拟的意义

在此借用华北电力大学刘树良老师提出的知识立方体图(如图 1-1 所示)说明 ERP 沙盘模拟的意义。知识立方体图通过知识宽度、实践性和管理层次 3 个维度将人才分成了两大类(共 8 种)，具体介绍如下。

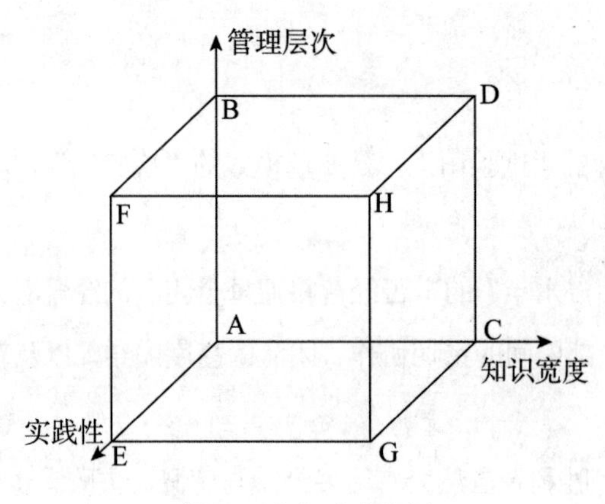

图 1-1 知识立方体图

1. 言传性知识为主

A：专—理—低 低层次专家

B：专—理—高 学术专家

C：宽—理—低 低层次杂家

D：宽—理—高 学术权威

2. 意会性知识为主

E：专—实—低 低层次职能人员

F：专—实—高 高层次职能经理

G：宽—实—低 小企业经理

H：宽—实—高 高层次经营管理者

企业管理者需要掌握两类知识：言传性知识——可以通过语言或文字传递的知识；意会性知识——只有通过实践才能领悟的知识。传统管理教学手段显然只能提供言传性知识，然而社会需要管理者掌握综合知识，特别是意会性知识。ERP 沙盘模拟培训的定位正是为学员提供意会性知识。

ERP 沙盘模拟是一种体验式教学，融团队合作、角色扮演、案例分析和专家诊断于一体。让学生站在最高层领导的位置分析、处理企业面对的战略制定、组织生产、整体营销和财务结算等一系列问题，亲身体验企业经营过程中的酸甜苦辣，在“做”的过程中领悟企业高层管理者所应掌握的意会性知识。从美国缅因州国家训练实验室提出的“学习金字塔”理论(见图 1-2)中可以看出，让学生利用课本上的知识实现“做中学”是一种非常有效的学习手段，两周后平均学习保持率高达 75%。

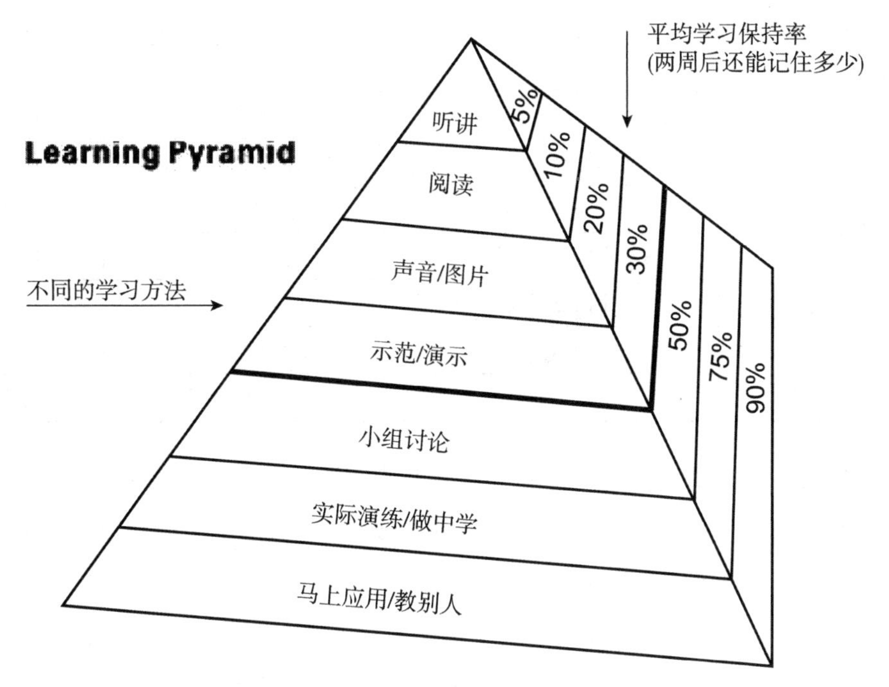

图 1-2　“学习金字塔”理论

管理教学中较为常用的案例教学法是使学生通过各抒己见来相互学习、借鉴，通过对一个个静态案例的分析和对决策方案的比较来获取知识。而 ERP 沙盘模拟使学生通过亲身体验进行学习，通过对一系列动态案例的分析与决策来获取知识，并对结果进行反馈。两种教学方法效果的优劣是不言而喻的。

ERP 沙盘模拟是一种综合训练。学生可以将所学的各种知识应用到经营过程中，从而使综合能力得以提高。ERP 沙盘模拟涉及战略管理、市场营销、生产管理、物流管理及财务会计，传统教学体系中是没有与之类似的课程的。

ERP 沙盘模拟也可以作为一种选拔人才的手段。企业在选拔经营管理人才时，可通过观察应聘者在参与模拟活动时的表现来确定合适的人选。例如，中央电视台“赢在中国”节目正是将沙盘模拟作为一项考核内容来选拔创业人才的。

ERP 沙盘模拟改变了传统课堂的师生关系。教师仍是课堂的“灵魂”，但其角色在课程的不同阶段是不断变化的，如表 1-1 所示。

表 1-1　课程不同阶段教师所扮演的角色

课程阶段	具体任务	教师角色	学生角色
组织准备工作		引导者	认领角色
基本情况描述		引导者	新任管理层
企业运营规则		引导者	新任管理层
初始状态设定		引导者	新任管理层
企业经营竞争模拟	战略制定	商务、媒体信息发布	角色扮演
	融资	股东、银行家	角色扮演
	订单争取、交货	客户	角色扮演
	购买原料、下订单	供应商	角色扮演
	流程监督	审计	角色扮演
	规则确认	裁判	角色扮演
现场案例解析		评论家、分析家	角色扮演

从表中我们可以看出，ERP 沙盘课程对教师的要求非常高，不仅要掌握综合知识，还需要有很强的组织能力；不仅要做规则的讲解者，还要做学生的引导者。沙盘模拟的效果好坏、学生的收益大小，教师起到决定性作用。

ERP 沙盘模拟与现实企业经营并不完全是一回事，我们不能一味地苛求 ERP 沙盘和现实企业经营完全相符，这样反而不利于对企业经营全局的认识和把握。ERP 沙盘模拟在某些处理环节(如账务、税收、报表等)高度简化，甚至有所变通，和现实规范不符，但只要其处理方法在逻辑上成立就无须指责。这和地理沙盘是一个道理，如果一味地要求地理沙盘和实际地形地貌完全相符，就有可能导致使用者看不清主要地点之间的位置关系。

1.3　ERP 沙盘模拟在管理学科体系中的作用与地位

ERP 沙盘模拟是一门综合性非常强的实训课程，其内容涵盖管理学科的所有主干课程，ERP 沙盘模拟与相关课程的关系如图 1-3 所示。

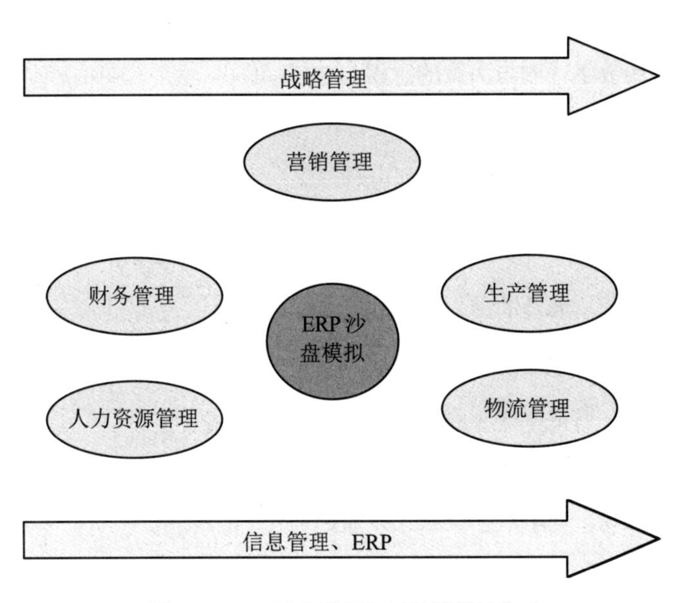

图 1-3　ERP 沙盘模拟与相关课程的关系

下面将 ERP 沙盘模拟与不同课程所关联的主要知识点列于表 1-2 中。

表 1-2　ERP 沙盘模拟与不同课程所关联的主要知识点

课程	ERP 沙盘模拟涉及的知识点
战略管理	企业环境分析、SWOT 分析、波士顿矩阵分析、平衡计分卡
营销管理	市场开拓、广告投放、营销组合、竞争对手分析、市场机会发现、产品组合、产品生命周期理论
财务管理	会计核算、投资策略、融资策略、现金预算、杜邦分析、盈亏平衡分析、全成本核算
生产与物流管理	生产计划、设备管理、质量认证体系、产销排程、库存管理、JIT、采购管理
人力资源管理	团队建设、岗位考核、团队合作
信息管理、ERP	系统观、信息集成、信息化工具应用

可见，ERP 沙盘模拟涵盖了管理学科主干课程及重要知识点，是对传统课堂教学的有益补充和完善。

1.4　ERP 沙盘模拟课程的内容

1. 深刻体会 ERP 核心理念

- 感受管理信息对称状况下的企业运作；
- 体验统一信息平台下的企业运作管理；

- 学习依靠客观数字评测与决策的意识与技能；
- 感悟准确、及时、集成的信息对于科学决策的重要作用；
- 训练信息化时代的基本管理技能。

2. 全面阐述一个制造型企业的概貌

- 制造型企业经营所涉及的因素；
- 企业物流运作的规则；
- 企业财务管理、资金流控制的运作规则；
- 企业生产、采购、销售和库存管理的运作规则；
- 企业面临的市场、竞争对手、未来发展趋势；
- 企业的组织结构和岗位职责等。

3. 了解企业经营的本质

- 资本、资产、损益的流程，企业资产、负债和权益的结构；
- 企业经营的本质——利润和成本的关系、增加企业利润的关键因素；
- 影响企业利润的因素——成本控制及扩大销售需要考虑的因素；
- 脑力激荡——如何增加企业的利润。

4. 确定市场战略和产品、明确市场定位、分析产品需求的数量趋势

- 产品销售价位、销售毛利分析；
- 市场开拓与品牌建设对企业经营的影响分析；
- 市场投入的效益分析；
- 产品盈亏平衡点预测；
- 脑力激荡——如何才能拿到大的市场份额。

5. 掌握生产管理与成本控制

- 采购订单的控制——以销定产、以产定购的管理思想；
- 库存控制——ROA 与减少库存的关系；
- JIT——准时生产的管理思想；
- 生产成本控制——生产线改造和建设的意义；
- 产销排程管理——根据销售订单拟订生产计划与采购计划；
- 脑力激荡——如何合理地安排采购和生产。

6. 全面计划预算管理

- 企业如何制定财务预算——现金流控制策略；
- 如何制订销售计划和市场投入；
- 如何根据市场分析结果和销售计划，制订生产计划和采购计划；
- 如何进行高效益的融资管理；
- 脑力激荡——如何理解“凡事预则立，不预则废”的管理思想。

7. 科学统筹人力资源管理

- 如何安排各个管理岗位的职能；
- 如何对各个岗位进行业绩衡量及评估；
- 理解“岗位胜任符合度”的度量思想；
- 脑力激荡——如何更有效地监控各个岗位的绩效。

8. 获得学习点评

- 分析学员实际训练数据；
- 综合理解局部管理与整体效益的关系；
- 明确优胜企业与失败企业的关键差异。

1.5　ERP 沙盘模拟课程的形式

ERP 沙盘模拟课程可分为实物沙盘经营和电子沙盘经营两种形式。实物沙盘经营的优点是形象直观、灵活性高、教师把控自由度大、经营气氛好，适合初学者，可以将其细分为以下两种形式。

(1) 传统游戏形式。这种形式下模拟经营过程中的交易环节(包括采购、交货、应收款等)都在模拟公司自主进行(钱币等都在学生处，随用随取)，学生充分地自娱自乐，带有一定的游戏性质，但由于缺少对交易过程的有效监控，很多规则无法得到准确的执行。

(2) 交易控制形式。这种形式下教师(或学生助理)扮演不同的交易对象，经营过程中的主要交易环节必须由教师进行交易确认，基本形式是所有的钱币和标牌都由教师控制，交易过程必须由教师(代表各种交易对象)确认后才能执行，教师就是交易规则的裁判，根据规则判定交易的执行。

游戏形式的教学中，学生为了交易成功，往往随意改变规则，牺牲了规则的严肃性，掩盖了错误，不能达到培养职业素养的目的，从授业的角度看，其效果最差。交易控制形式是目前教学效果较好的一种形式，因为这种控制形式与现实经营环境基本一致，交易的成败由扮演各种交易方的教师(或学生助理)把控，教师既可按照规则执行交易，又可有弹性地修订规则，执行交易，从而演绎出各种成交的可能，非常适合初次教学，但其缺点是组织要求高，监控难度大，一次参与不宜超过 10 组。

电子沙盘可独立运行，也可以结合实物教具运行，优点是监控容易，一次允许多组参与，其缺点是不够形象直观，只适用于提高阶段或竞赛。

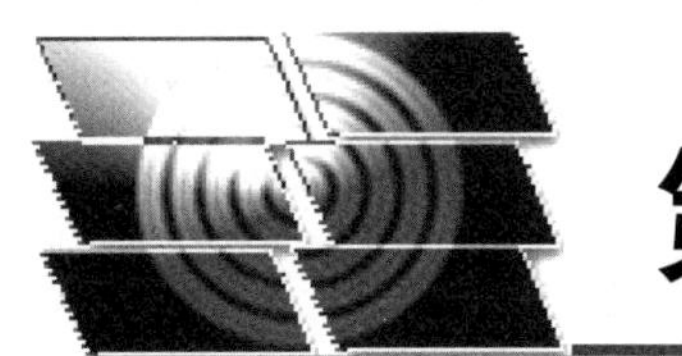

第2章 ERP实物沙盘经营

2.1 ERP 实物沙盘组成及课程设计

实物沙盘由教具和分析平台软件两部分构成，其中教具组成如表 2-1 所示。

表 2-1 实物沙盘教具组成

序号	名称	说明
1	盘面	一张盘面表示一家企业，一般有 6～12 张，每张盘面都包括营销与规划中心、生产中心、物流中心、财务中心
2	生产线模板	用于表示生产线——手工线、半自动线、自动线、柔性线、超级手工线、租赁线
3	产品标识	用于表示生产线生产哪种产品——P1、P2、P3、P4 等
4	灰币	用于表示现金，一个币表示 1W，一桶 20 个币，表示 20W
5	彩币	分为红、黄、蓝、绿 4 种颜色，表示原材料 R1、R2、R3、R4
6	空桶	用于盛装灰币或彩币，同时可表示原料订单、长短贷
7	产品资格证	表示可以生产拥有资格证的产品
8	市场准入证	表示该企业可以在拥有准入证的市场投放广告、拿订单
9	ISO 资格证	表示可以获取有 ISO 资格要求的订单，分为 ISO 9000、ISO 14000 两种

注：本表所列教具均可以耗材形式获得，也可以根据教学需要增加要素，如 R5、P5 等。

新创业者实物沙盘分析平台[①]用于进行数据管理与分析，是实物沙盘教学中必不可少的辅

① 提供试用版本，也支持提供云平台(www.135e.com)，使用说明见附录 B。

助工具。有不少厂商也提供了基于 Excel 的分析记录工具，但存在以下缺点。

- 兼容性较差，Excel 有较多版本，某些版本下该分析工具不能使用。
- 数据与程序未做分离，使得订单与规则无法更新改变，难以适应教学比赛要求。
- 保护性差，分析工具可以被任意破解。
- 数据未集中管理，应收、生产线、资质等不同数据被登记在不同的 Excel 表格中，导致数据易丢失。
- 选单时顺序排列需要教师人工判断，工作量大，且容易出错。

新创业者实物沙盘分析平台克服了上述缺点，具有以下特点。

- 支持多班同时教学，且各班级数据完全独立。
- 支持不同队伍教学，且订单可以灵活配置。
- 自动排定选单顺序，减轻教师工作强度。
- 和现有各厂家物理沙盘兼容。
- 仅教师一人录入数据，所有数据均可以进行修改。
- 支持自动升级，提供各种教学资源。
- 数据管理灵活，但数据间又有联系，数据跟着盘面走；盘面发生变化，数据可以随时改变。

实物沙盘教学设计分为 6 个阶段，课程不同阶段的内容如表 2-2 所示。

表 2-2　课程不同阶段的内容

序号	课程阶段	具体内容
1	组织准备工作	分组(每组 4～6 人)、角色定位、明确经营目标
2	基本情况描述	了解股东期望、企业目前财务状况、市场占有率、产品、生产设施、盈利能力
3	企业运营规则	市场划分与准入、选单、生产线与厂房、融资、原料、产品、ISO 等
4	初始状态设定	接手一家已经经营 3 年的企业，将企业现状展现在盘面上
5	企业经营竞争模拟	战略制定、融资、订单争取及交货、购买原料及下订单、流程监督、规则确认、关账等
6	现场案例解析	管理者反思，教师点评，体悟得失

2.2　新管理层接手

新管理层接手[①]后，在模拟运营之前，首先需要对企业有一个大致的了解。这是一家典型

① 接手企业已经经营若干年，与新创业者实物沙盘分析平台默认设置一致，也可以自行设置初态。

的离散制造型企业，已经创建 3 年，长期以来专注于某行业 P 系列产品的生产与经营。ERP 沙盘企业的整体状况如图 2-1 所示。

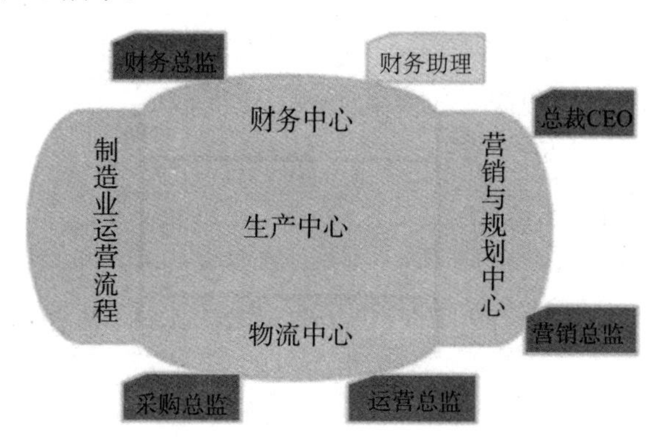

图 2-1　ERP 沙盘企业的整体状况

该企业由 4 个中心组成，分别是营销与规划中心、财务中心、生产中心、物流中心。目前企业拥有自主厂房——大厂房，其中安装了 3 条手工线和 1 条半自动线，均生产 P1 产品，几年来在本地市场销售，声誉良好，客户较为满意。

2.2.1　组织准备

企业管理层墨守成规，导致企业缺乏活力，股东们从长远发展的角度考虑，决定将企业交由一批新人去发展，希望新管理层能够把握机遇，投资新产品，开发新市场，扩大规模，采用现代化生产手段，带领企业实现腾飞。同时考虑到新人缺乏经验，决定第 1 年由原 CEO 带领新管理层经营一年，为将来新管理层独立经营打下良好基础。

管理层角色与分工如表 2-3 所示。

表 2-3　管理层角色与分工

角色	职责	使用表单	备注
总裁 CEO	综合小组各个角色提供的信息，决定本企业每件事做还是不做，对每件事情的决策及整体运营负责	经营流程表	初始模拟年由老总裁辅助新总裁
财务总监	日常财务记账和登账，向税务部门报税，提供财务报表，日常现金管理，企业融资策略制定，成本费用控制，资金调度与风险管理，财务制度与风险管理，财务分析与协助决策，从而保证各部门能够有足够的资金支撑	经营流程表 财务报表 现金预算表	可下设财务助理，承担部分职责

(续表)

角色	职责	使用表单	备注
生产总监	产品研发管理，管理体系认证，固定资产投资，生产计划编制，生产能力平衡，生产车间管理，产品质量保证，成品库存管理，产品外协管理	生产计划及采购计划 开工计划表	可下设生产助理，承担部分职责
营销总监	市场调查分析，制定市场进入策略、品种发展策略、广告宣传策略，制订销售计划，争取订单与谈判，合同签订与过程控制，按时发货，应收款管理，销售绩效分析，竞争对手情报刺探，从而透彻地了解市场并保证订单的交付	市场预测表 订单登记表 产品销售核算统计表 市场销售核算统计表 组间交易明细表	可下设营销助理，承担部分职责
采购总监	编制采购计划，与供应商谈判，签订采购合同，监控采购过程，到货验收，仓储管理，采购支付抉择，与财务部协调，与生产部协同，原材料库存管理	生产计划及采购计划 采购及材料付款计划	本岗位任务相对较轻，可以协助其他岗位承担部分职责

注：某些场合可能只有 4 人，生产总监与采购总监合并为运营总监；若只有 3 人，则总裁与营销总监可以合并。

2.2.2 基本情况

新管理层接手时，需要对企业的财务状况有一个完整的了解，考察企业的综合费用表、利润表及资产负债表，接手时企业的财务报表如表 2-4 所示。

表 2-4 接手时企业的财务报表

综合费用表(a)

项目	金额(单位：W)
管理费	4
广告费	2
设备维护费	4
其他损失	
转产费	
厂房租金	
新市场开拓	
ISO 资格认证	
产品研发	
信息费	
合计	10

利润表(b)

项目	金额(单位：W)
销售收入	35
直接成本	12
毛利	23
综合费用	10
折旧前利润	13
折旧	5
支付利息前利润	8
财务费用	4
税前利润	4
所得税	1
年度净利	3

资产负债表(c)

项目	金额(单位：W)	项目	金额(单位：W)
现金	20	长期负债	40
应收款	15	短期负债	
在制品	8	应交所得税	1
产成品	6	—	—
原材料	3	—	—
流动资产合计	52	负债合计	41
厂房	40	股东资本	50
生产线	13	利润留存	11
在建工程		年度净利	3
固定资产合计	53	所有者权益合计	64
资产总计	105	负债和所有者权益总计	105

综合费用表用于记录企业在一个会计年度中发生的各项费用，在 ERP 沙盘经营中，其明细如表 2-4(a)中所示，在上一个年度中，企业支出综合费用共 10W。

利润表可以反映企业在一定期间(一般为一个会计年度)的经营成果，表现为企业在该期间所取得的利润，它是企业经济效益的综合体现，又称为损益表或收益表。从表 2-4(b)中可以得出，该企业在上一个年度赢利 3W，尚欠 1W 税金，需要在下一个年度支付。

资产负债表是企业对外提供的主要财务报表，如表 2-4(c)所示。它是根据资产、负债和所有者权益之间的相互关系(即“资产=负债+所有者权益”的恒等关系)，按照一定的分类标准和次序，把企业特定日期的资产、负债和所有者权益 3 项会计要素所属项目予以适当排列，并对日常会计工作中形成的会计数据进行加工、整理后编制而成的，其主要目的是反映企业在某一特定日期的财务状况。通过对资产负债表的分析，企业经营者可以了解企业所掌握的经济资源及其分布情况，了解企业的资本结构，分析、评价、预测企业的短期偿债能力和长期偿债能力，正确评估企业的经营业绩。

2.2.3 企业初始状态

企业经营者可以通过资产负债表和利润表了解企业的财务状况及当年的经营成果，但无法得到更具体的内容，如长期借款何时到期、应收账款何时可以回笼等。为了让所有企业有一个公平的竞争环境，需要统一设定企业的初始状态，将其分布在沙盘盘面上。

特别提示

在 ERP 沙盘模拟中，以季度(Q)为经营时间单位，一年分成 4 个季度。

1. 经营要素

ERP 沙盘模拟企业以灰币表示现金(资金)，1 个灰币代表 1W；红、黄、蓝、绿 4 种彩币表示原料，分别代表 R1、R2、R3、R4，每种原料价值 1W；灰币和彩币组合表示产品(仓库中)或在制品(生产线上)；空桶(或纸条)表示原料订单，如图 2-2 所示。

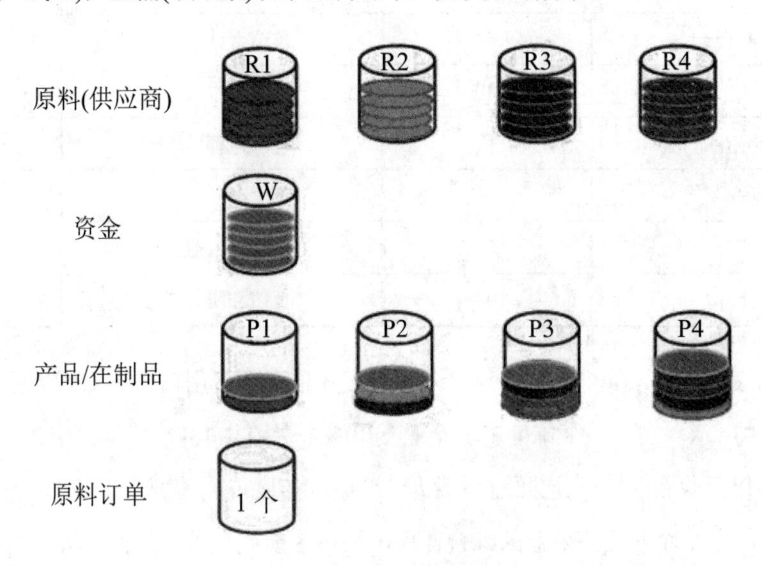

图 2-2　ERP 沙盘经营要素

2. 生产中心

企业生产中心(见图 2-3)有 2 个厂房[①]，其中大厂房有 6 条生产线位，小厂房有 4 条生产线位，目前企业拥有大厂房，价值 40W；4 条生产线，其中 3 条手工线和 1 条半自动线，扣除折旧，目前手工线账面价值(净值)为3W/条，半自动线账面价值(净值)为4W/条。财务总监去教师处领 4 个空桶，分别置入 3W、3W、3W、4W，并放置于生产线下方的“生产线净值”处；4 条生产线均有 P1 在制品，并且分别处于图 2-3 所示的生产周期；再放 2 个满桶灰币于厂房价值处，表示拥有价值 40W 的厂房。

① 某些盘面中有 4 个厂房，本规则只用 2 个。

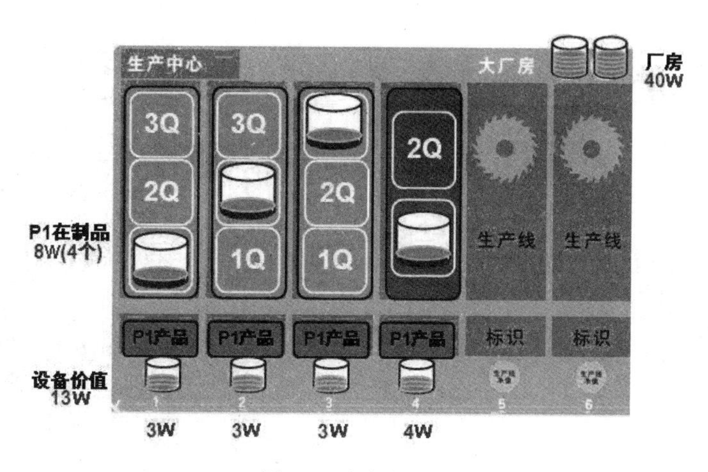

图 2-3　生产中心

3. 物流中心

企业物流中心如图 2-4 所示。P1 成品库有 3 个成品，每个成品由 1 个 R1 及 1W 加工费构成。生产总监、财务总监、采购总监合作将 3 个 P1 放置在成品库中。另有 3 个 R1 原料，每个价值 1W；还有 2 个 R1 订单，采购总监将 2 个空桶(也可用纸条代替)放置于 R1 订单处(R1 需要提前一个季度订货，采购价为 1W/个)。

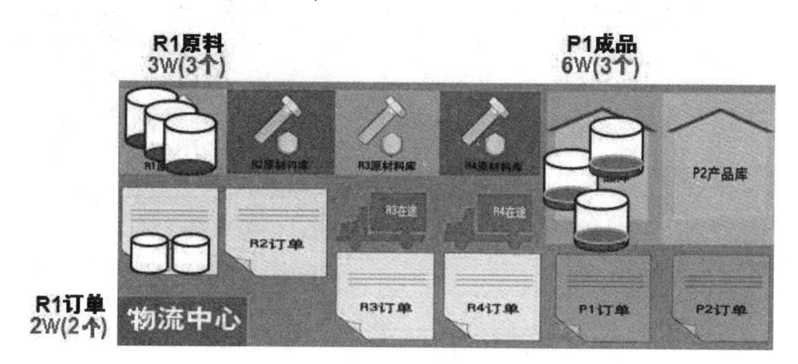

图 2-4　物流中心

4. 财务中心

企业财务中心(见图 2-5)有现金 1 桶，即 20W，3 季应收账款 15W，4 年、5 年期长期贷款各 20W。另外，企业还有 1W 应交所得税(图中未显示)，需要在下一年度初支付现金。

特别提示

长期贷款以年为单位，最长可以借 5 年，越靠近现金，还款日期越早。应收款及短期贷款均以季度为时间单位。图 2-5 中所示的应收账款再过 3 季可以收现。

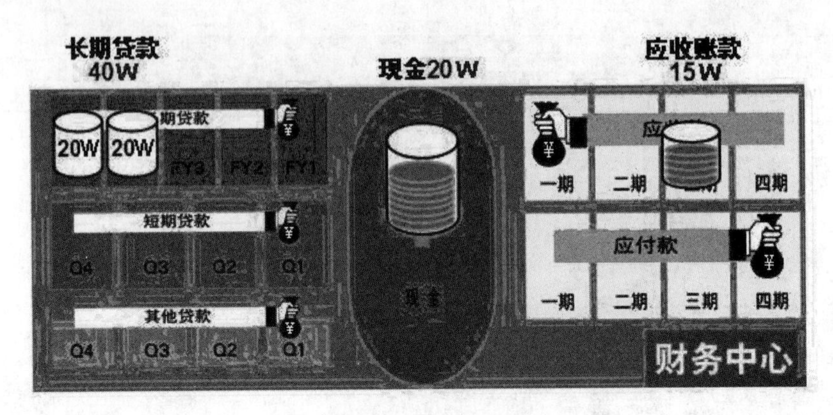

图 2-5　财务中心

5. 营销与规划中心

目前该企业的营销与规划中心拥有 P1 生产资格和本地市场准入资格，还有 3 个产品[①]、4 个市场及 ISO 认证待开发，如图 2-6 所示。营销总监将相应标牌放在正确位置。

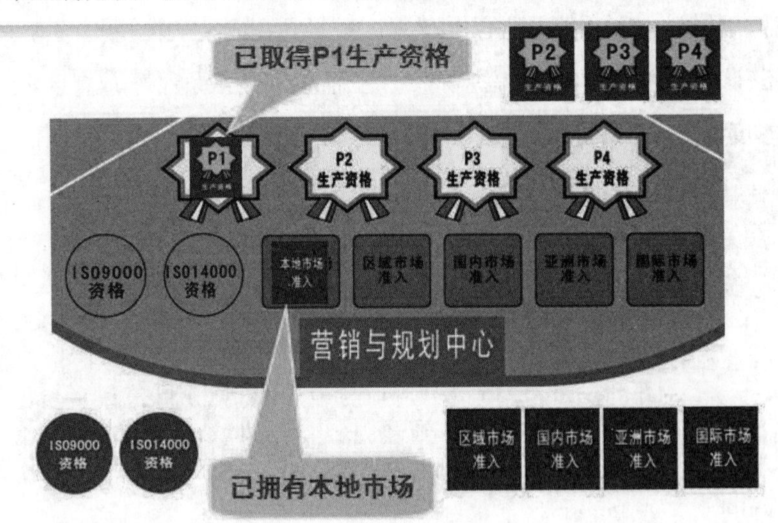

图 2-6　营销与规划中心

2.3　经营过程与规则

本节将详细讲解 ERP 沙盘经营过程及规则[②]。ERP 沙盘经营分为年初、4 个季度、年末三大时间段，如表 2-5 所示。

① 某些时候可能也会有 P5，可以根据需要灵活处理。

② 为方便读者查询，本教程将规则汇总，见附录 B，也可以根据需要自行灵活设定规则。

表 2-5　整体经营过程

阶段	任务	备注
年初	新年度规划会议、广告投放、参加订货会选订单/登记订单等	7 项工作
4 个季度	季初盘点、更新短期贷款/短期贷款还本付息、申请短期贷款等	18 项工作
年末	缴纳违约订单罚款、支付设备维修费、计提折旧等	5 项工作
特殊工作	紧急采购、出售库存、贴现、厂房贴现	4 项工作，紧急时采用，可随时进行

注：教师也可以增加一些环节，如组间交易、企业间并购。

每年的经营由总裁 CEO 指挥，各岗位填写经营流程表(见附录 A)，有序执行。各岗位需要各司其职，在经营流程表中填写自己负责的经营数据。总裁 CEO 在经营流程表中打钩表示完成该项任务；财务总监记录明细现金流入流出、费用发生、融资发生情况；采购总监记录原材料订货、出入库情况；生产总监记录生产线建设和变动情况及在制品变化情况；营销总监记录生产资格、ISO、市场开发情况及产成品的出入库情况。

特别提示

经营流程表的顺序要严格遵守，例如，不可先借长贷，再还长贷本息。

2.3.1　年初 7 项工作

1. 新年度规划会议

新的一年开始之际，企业管理团队要进行市场预测，制定(调整)企业战略，做出经营计划、设备投资规划、营销策划方案等。具体来讲，需要进行销售预算、可承诺量的计算及资金预算。

常言道："凡事预则立，不预则废。"预算是企业经营决策和长期投资决策目标的一种数量表现，即通过有关的数据将企业全部经济活动的各项目标具体、系统地反映出来。销售预算是编制预算的关键和起点，主要是对本年度要达成的销售目标的预测，销售预算的内容包括销售数量、价格和销售收入等。

参加订货会之前，需要计算企业的可接单量。企业的可接单量主要取决于企业的现有库存和生产能力，因此产能计算的准确性直接影响销售交付。

企业管理团队还需要做出资金预算，判定是否有足够的资金支持本年的运行，完成经营目标。

2. 投放广告

ERP实物沙盘模拟共有5个市场，4个产品。

特别提示

我们将一个市场与产品的组合称为回合，最多有20个回合，分别是(本地，P1)、(本地，P2)、(本地，P3)、(本地，P4)、(区域，P1)、(区域，P2)……(国际，P3)、(国际，P4)。

各企业需要填写当年的广告登记表，对每一个回合单独投放广告，如果该市场尚未开发，则不允许投放广告。

特别提示

- 产品资格未开发完成可以投放广告。
- 若希望获得有ISO要求的订单，则必须有相应的ISO资格认证。

在一个回合中，每投放1W广告费将获得一次选单机会，此后每多投2W就增加一次选单机会。例如，投入7W表示最多有4次机会，但是否能行使4次选单机会取决于市场需求和竞争态势；投入2W只有一次选单机会，但比投入1W的优先行使。

财务总监登记现金支出，并在盘面中取出相应现金放置于盘面“广告费”处。

3. 参加订货会选订单/登记订单

广告投放完毕，裁判将各队广告录入系统，核实后，订货会开始。订货会按照(本地，P1)、(本地，P2)、(本地，P3)、(本地，P4)、(区域，P1)、(区域，P2)……(国际，P3)、(国际，P4)的顺序依次展开。每回合选单可能有若干轮，每轮选单过程中，各队按照排定的顺序，依次选单，但只能选一张订单。当所有队都选完一轮后，若还有订单，则开始进行第二轮选单，以此类推，直到所有订单被选完或所有队退出选单为止，本回合结束。

特别提示

某回合有多次选单机会，只要放弃一次，就视同放弃该回合所有选单机会，但不影响后面回合选单。

选单排序规则如下。

- 若分析平台初始化时选择有市场老大，则上一年本市场销售排名第一且在该市场没有违约记录的企业，即市场老大，在本年该市场投入广告的产品中(指所有产品)优先选单(若有企业并列销售第一，则由分析平台随机决定)。

- 按照各企业在某回合投放广告费的多少，排定选单顺序。
- 如果在某回合中投入的广告费相同，则按照投入本市场的广告费总和(即 P1、P2、P3 和 P4 的广告费之和)，排定选单顺序。
- 如果本市场的广告费总和也一样，则按照上一年本企业在该市场上实现的销售额排名，排定选单顺序。
- 如果上一年实现的销售额也相同，则先投广告者先选。

下面以(本地，P3)回合为例，说明选单过程[①]，如图 2-7 和图 2-8 所示。

第4年——A组(本地)					
产品	广告	订单总额	数量	ISO9000	ISO14000
P1				1	
P2					
P3	2	23	3		
P4					

第4年——B组(本地)					
产品	广告	订单总额	数量	ISO9000	ISO14000
P1				1	
P2					
P3	5	32+17	4+2		
P4					

第4年——C组(本地)					
产品	广告	订单总额	数量	ISO9000	ISO14000
P1					1
P2					
P3	1	18	2		
P4					

本地市场
2　P3
8.5W/个
= 17W
账期：4Q

本地市场
4　P3
8W/个
= 32W
账期：2Q
ISO9000

本地市场
2　P3
9W/个
= 18W
账期：1Q
ISO14000

本地市场
3　P3
7.6W/个
= 23W
账期：4Q

图 2-7　选单

第4年——A组(本地)					
产品	广告	订单总额	数量	ISO9000	ISO14000
P1				1	
P2					
P3	2	23	3		
P4					

第4年——B组(本地)					
产品	广告	订单总额	数量	ISO9000	ISO14000
P1				1	
P2					
P3	5	32+17	4+2		
P4					

第4年——C组(本地)					
产品	广告	订单总额	数量	ISO9000	ISO14000
P1					1
P2					
P3	1	18	2		
P4					

图 2-8　选单结果

① 均为 4 季交货。

B 组先选了总价为 32W 的订单，C 组选了总价为 18W 的订单，A 组选了总价为 23W 的订单。B 组还有 2 次选单机会，但只能选剩余的一张。

订单有如下 5 个要素。

(1) 数量——要求各企业按照规定的数量一次性交货，不得多交，不得少交，也不得拆分交货。

(2) 总价——交货后企业将获得一定的应收款或现金。

(3) 交货期——必须当年交货，不得推迟至第 2 年；可以提前交货，不可延后。例如，规定第 3 季度交货，则可以在第 1、2、3 季度中的任一季度交货，但不可于第 4 季度交货，违约则订单收回。

(4) 账期——在交货后过若干季度收到现金。若账期为 2Q，实际在第 3 季度完成交货，则将在下一年第 1 季度更新应收款时收到现金。

特别提示

- 收现时间从实际交货季度算起。
- 若账期为 0，则交货时直接收到现金。

(5) ISO 要求——分别有 ISO 9000 及 ISO 14000 两种认证，企业必须具备相应认证才可获得有认证要求的订单。

各企业应根据相应产能、设备投资计划选取订单，避免接单不足导致设备闲置，或者盲目接单导致无法按时交货。选单完毕，及时填写订单登记表。

4. 支付应付税(所得税)

依法纳税是每个企业及公民的义务。请财务总监按照上一年利润表的“所得税”一项数值取出相应的现金放置于沙盘上的“税金”处，并做好现金收支记录。

特别提示

当年交的是上一年产生的所得税。

5. 支付长贷利息

应付长贷利息=累计长贷×长贷利率，请财务总监取出相应现金放置于沙盘上的“利息”处。

6. 更新长期贷款/长期贷款还款

在盘面上将长贷空桶往现金方向推一格(表示一年)，从现金库取出到期本金，归还至银行，并做好登记。

7. 申请长期贷款

如果企业有授信额度，则可以申请长贷，长期贷款必须按 10 的倍数申请。可申请额度：上一年所有者权益×贷款倍数-已有长短贷之和(贷款倍数通常为 3)。

财务总监在交易台获得相应数量的长贷现金后，做好现金登记，并在长期贷款相应借款年份位置做好标记。

特别提示

- 长贷可用空桶(一个桶表示 20W)或纸条表示，长贷最长可贷 5 年。
- 借入长贷时，灰币放到现金处。

2.3.2 每季 18 项工作(重复进行 4 季)

1. 季初盘点

财务总监需要核对盘面现金与记录是否相符。

2. 更新短期贷款/短期贷款还本付息

更新短期贷款：如果企业有短期贷款，请财务总监将表示短贷的空桶(或纸条)向现金库方向移动一格。移至现金库时，表示短贷到期。

还本付息：短期贷款的还款规则是利随本清。短期贷款到期时，每桶需要支付 1W(20W×5%=1W)利息，因此若有 20W 短贷，则本金与利息共计 21W。财务总监从现金库中取现金，将 20W 还给银行，将 1W 放置于沙盘上的“利息”处并做好现金收支记录。

3. 申请短期贷款

财务总监到银行办理贷款手续。可申请的最高额度：上一年所有者权益×贷款倍数(通常为 3 倍)-已有长短贷之和。短期贷款必须按 20 的倍数申请。完成借款将空桶(一个桶表示 20W)或纸条放置于短贷 Q4 位置处并做好标记。

4. 原材料入库/更新原料订单

当供应商发出的订货已经运抵企业时，企业必须无条件地接收货物并支付料款。采购总监将原料订单区中的空桶向原料方向推进一格，当其达原料库时，向财务总监申请原料款，支付给供应商，换取相应的原料，同时做好现金登记。

5. 下原料订单

采购总监根据年初制订的采购计划，决定采购原料的品种及数量，每个空桶代表一个原料，将相应数量的空桶(或纸条)放置于对应品种的原料订单处。根据采购提前期，必须提前订货，如 R1 必须提前一个季度订货。

特别提示

在盘面中分别用红、黄、蓝、绿 4 种彩币表示 R1、R2、R3、R4 四种原料，价格均为 1W/个。

6. 购买/租用厂房

厂房为一大(6 条生产线)，一小(4 条生产线)，企业最多只可以使用一大一小 2 个厂房。企业在新建生产线之前，必须以买或租的方式获得厂房。如果选择租用厂房，则在开始租用的季度交付租金，即从现金处取等量灰币，放在租金费用处，并将一个内置租金额字条的空桶，放在 Q4 应付款处，每季度推进空桶，一年租期到期时，如果决定续租，需再次将相应的现金放在租金处，并将内置租金字条的空桶放在 Q4 应付款处(并未发生应付款，仅作记账用)；如果决定购买厂房，取出与厂房价值等量的现金放置于盘面上厂房“价值”处即可。

特别提示

生产线不可以在不同厂房之间移动位置。

7. 更新生产/完工入库

更新生产时，由生产总监将各生产线上的在制品向前推进一格(从小数目方格推到大数目方格)。产品下线表示产品完工，将产品放置于相应的产品库中。

8. 新建/在建/转产/变卖生产线

(1) 新建生产线。投资新设备时，生产总监从裁判处领取新生产线标识及产品标识，将生产线标识翻转放置于厂房相应生产线位置处，其上放置与该生产线安装周期相同的空桶数，每个季度向财务总监申请建设资金，额度=设备总购买价值÷安装周期，财务总监做好现金收支记录。

特别提示

企业新建生产线时便已经决定生产何种产品了，此时并不要求企业一定具备该产品生产资格。

(2) 在建生产线。购置生产线以后，需要进行二期(含)以上投资的均为在建生产线，生产总监向财务总监申请建设资金，并将其放置于空桶内，财务总监做好收支记录。

以自动线为例，安装周期为 3 季，总投资额为 15W，安装操作步骤如表 2-6 所示。

表 2-6 安装操作步骤

操作时间	投资额	安装进度
1Q	5W	启动 1 期安装
2Q	5W	完成 1 期安装，启动 2 期安装
3Q	5W	完成 2 期安装，启动 3 期安装
4Q		完成 3 期安装，生产线建成

投资生产线的费用不一定要连续支付，可以在投资过程中中断投资，也可以在中断投资之后的任何季度继续投资，但必须按照上表的投资原则进行操作。

特别提示

- 一条生产线待最后一期投资到位后，必须到下一季度才算安装完成，允许投入使用。
- 生产线安装完成后，在盘面上必须将投资额放在设备价值处，以证明生产线安装完成，并将生产线标识翻转过来。
- 参赛队之间不允许相互购买生产线，只允许向设备供应商(管理员)购买。
- 安装周期为 0，表示随买随用，不需要安装周期。

(3) 生产线转产。生产线转产是指生产线转产生产其他产品。不同类型的生产线转产所需要的调整时间和资金投入是不同的，可参阅具体规则。如果需要转产且该生产线需要一定的转产周期和转产费用，请生产总监翻转生产线标识，领取新的产品标识，按季度向财务总监申请并支付转产费用，并将其放置于生产线标识上，停工满足转产周期要求并支付全部转产费用后，再次翻转生产线标识，开始新的生产。财务总监做好现金收支，并将转产费放置于盘面相应位置处。

以自动线为例，转产需要一个周期，共 2W 转产费，在第 1 季度开始转产，投资 2W 转产费，第 2 季度完成转产，可以生产新产品。

特别提示

转产周期为 0，表示可以生产任何产品，无须转产。

(4) 变卖生产线。将变卖的生产线按残值放入现金区，其他剩余价值(净值-残值)放入“其他”费用处，记入当年“综合费用”，并将生产线交还供应商即可完成变卖。

特别提示

在建及在产的生产线不可以变卖，转产中的生产线可以变卖，但转产费投入不可以收回。

9. 开始下一批生产

更新生产/完工入库后，某些生产线的在制品已经完工，同时某些生产线已经建成，可以考虑开始生产新产品。如果企业有该产品生产资格，由生产总监按照产品结构从原料库中取出原料，并向财务总监申请产品加工费，将上线产品放置在第一生产周期上。

特别提示

- 下一批生产前提有 3 个：原材料、加工费、生产资格。
- 任何一条生产线只能有一个在产品。
- 生产线可以停工。

10. 更新应收款/应收款收现

财务总监将应收款向现金库方向推进一格，其到达现金库时即成为现金，需做好现金收支记录。

11. 按订单交货

营销总监检查各成品库中的成品数量是否满足客户订单要求，若满足则按照客户订单交付约定数量的产品给客户。客户检查数量和交货期是否满足订单要求，若满足则收货，并按订单上列明的条件支付货款，若为现金(0 账期)付款，则营销总监直接将现金置于现金库，财务总监做好现金收支记录；若为应收账款，则营销总监将现金置于应收款相应账期处。

特别提示

- 必须按订单整单交货。
- 必须当年交货，不得推迟至第 2 年；可以提前交货，不可延后。例如，规定第 3 季交货，则可以在第 1、2、3 季度中的任一季度交货，但不可于第 4 季度交货，违约则订单收回。

12. 产品研发投资

营销总监按照年初制订的产品研发计划向财务总监申请研发资金，并将其置于相应产品生产资格位置，做好现金收支记录。

13. 厂房出售(买转租)/退租/租转买

如果企业已租或已购买厂房，可以进行如下处理。

(1) 如果已购买的厂房中没有安装生产线，可卖出，增加Q4 账期应收款，将代表厂房价值的现金放置于 Q4 应收账款的位置。

(2) 如果已购买的厂房中有生产线，卖出后增加 Q4 账期应收款，并自动转为租用，从现金中扣除一年租金(将租金放在租金费用处)，记下起租的季度(在应付账款 Q4 处放一个内置租金额字条的空桶)。

(3) 租用的厂房可以做如下处理。

① 不论是否有生产线，均可支付现金，转为购买(租转买)，此时，只需要按厂房的购买价格扣除足量现金即可。

② 如果厂房中没有生产线，则可以选择退租，在盘面中将相应应付款处的空桶取走。

③ 对已租用的厂房继续租用时，可在当季结束时交下一年租金(与管理费同时交，后面有进一步说明)。

14. 新市场开拓/ISO 资格投资

营销总监向财务总监申请市场开拓/ISO 资格投资费用，财务总监取出现金放置于要开拓的市场及 ISO 认证处。

特别提示

- 只有每年第 4 季度允许执行该操作。
- 可以中断投资，但不可以加速投资。

15. 支付管理费/更新厂房租金

管理费用是指企业为了维持运营而发放的管理人员工资、必要的差旅费、招待费等。财务总监每季度取出 1W 放置于“管理费”处，并做好现金收支记录。

在应付款处如果有租金字条的空桶更新满一年(4 季)，则需要续租厂房，从现金库中取出下一年租金放置于盘面租金处，并将有租金字条的空桶放应付款 Q4 处。

特别提示

营销总监此时应携带开发费去管理员处换取生产资格标识。

16. 现金收入合计

财务总监统计本季度现金收入总额。

17. 现金支出合计

财务总监统计本季度现金支出总额。

特别提示

第 4 季度统计的现金收支数字中包括第 4 季度本身的和年底发生的。

18. 期末现金对账

财务总监盘点现金余额，并进行核对。

特别提示

以上 18 项工作每个季度都要进行。

2.3.3 年末 5 项工作

1. 缴纳违约订单罚款

企业经营以诚信为本，如果未能及时交货，需要接受一定的惩罚，惩罚如下。

- 按订单销售额的一定比例缴纳罚款，并直接从现金中扣除，记入当年“其他”费用项。
- 收回该订单。
- 即使在该市场完成的销售额最高，下一年也无权获得市场老大地位。

请财务总监做好现金支出登记。

2. 支付设备维修费

每条已经建成的生产线每年需要支付 1W 的维修费，生产总监向财务总监提出申请，财务总监取出现金放置于盘面“维修费”处，并做好现金收支记录。

特别提示

当年(不论在哪一季度)建成的生产线均需要支付设备维修费。

3. 计提折旧

固定资产折旧是指固定资产出于损耗而转移到生产经营管理成果中的以货币表现的价值，以折旧的形式计入生产经营成本。厂房不计提折旧，设备(生产线)按平均年限法计提折旧，在建工程及当年建成的设备不计提折旧。财务总监从生产净值中取出折旧费放置于盘面“折旧”处。

特别提示

- 当年建成的生产线不计提折旧。
- 如果净值等于残值，则无须再计提折旧。
- 折旧与现金流无关。

4. 新市场/ISO 资格换证

营销总监检查新市场/ISO 资格投资是否已经完成，若完成可携带开发费去管理员处换取相应标识。

5. 结账

财务总监需要编制综合费用表、利润表和资产负债表。

年度经营结束之后，管理员会将盘面上的各项成本取走，为明年经营做准备。

2.3.4 4 项特殊工作(随时可以进行)

1. 紧急采购

以下两种情况会用到紧急采购功能。

- 如果下一批生产原材料预定不够，又需要当期使用，则可以用成本价的 2 倍现金采购原料，采购总监提出申请，用一个灰币(现金)换取原料(彩币)；另外，将一个灰币(现金)置于盘面“其他”处。
- 若按订单交货时发现产成品库存不足，则可以用直接成本 3 倍的价格采购，以直接成本价值现金去管理员处换取成品；另将 2 倍直接成本现金放置于盘面“其他”处。

2. 出售库存

一旦现金断流，可以用出售库存的方式融资。产品可以按照成本价售出；原料可以按照成本价的 8 折(该参数可调整)售出，例如，出售直接成本为 10W 的原料，收回 8W 现金。若收回的现金出现小数则向下取整，例如，出售直接成本为 8W 的原料，收回 6W 现金。

携带产品或原料到交易处兑换相当于直接成本价值的现金，将折价部分置于盘面“其他”处。

3. 贴现

贴现是指将未来可以收到的应收账款提前收取，并付一定的费用。不同账期的应收款采用不同的贴现率，1、2 期应收款按 1∶10(10W 应收款扣 1W 贴息，小于 10W 的贴现也收取 1W 贴息)的比例贴现，3、4 期应收款按 1∶8(8W 应收款扣 1W 贴息，小于 8W 的贴现也收取 1W 贴息)的比例贴现。只要有足够的应收账款，就可以随时贴现(包括次年支付广告费时，也可使用应收贴现)。从应收款中取出收现部分放置于盘面“现金”处，其余放置于“贴息”处。

特别提示

可将 1、2 期应收款加总贴现，如 1 期贴 4W，2 期贴 6W，则总共扣 1W 贴息；3、4 期操作相同。

4. 厂房贴现

正常情况下出售厂房后，直接转入 4Q 的应收账款。但在急用的情况下，且操作步骤没有轮到变卖厂房的操作时，可以利用厂房贴现功能直接将厂房的价值按照 4Q 应收账款贴现(按 1∶8 的比例)。可将厂房价值分别转入现金、租金及贴息处。

例如，如果紧急出售有生产线的大厂房，则将实际转入现金 30W，其中 5W 转入贴现费用，5W 转入厂房租金。如果紧急出售的大厂房中无生产线，则将转入现金 35W。

2.3.5 账务处理及经营报表生成

表 2-7 中列出了经营流程表中各项任务对应的账务处理要点。

表 2-7 账务处理要点

流程	说明
新年度规划会议	无
投放广告	记入“综合费用表”广告费
参加订货会选订单/登记订单	无
支付应付税	无
支付长贷利息	记入“利润表”财务费用
更新长期贷款/长期贷款还款	无

(续表)

流程	说明
申请长期贷款	无
季初盘点(请填余额)	无
更新短期贷款/短期贷款还本付息	利息记入“利润表”财务费用
申请短期贷款	无
原材料入库/更新原料订单	无
下原料订单	无
购买/租用厂房	记入“综合费用表”厂房租金
更新生产/完工入库	无
新建/在建/转产/变卖生产线	记入综合费用表转产费或其他损失
紧急采购(随时进行)	记入综合费用表其他损失
开始下一批生产	无
更新应收款/应收款收现	无
按订单交货	记入“利润表”销售收入和直接成本
产品研发投资	记入“综合费用表”产品研发
厂房出售(买转租)/退租/租转买	记入“综合费用表”厂房租金或其他损失
新市场开拓/ISO 资格投资	记入“综合费用表”新市场开拓、ISO 资格认证
支付管理费/更新厂房租金	记入“综合费用表”管理费及厂房租金
出售库存	记入“综合费用表”其他损失
厂房贴现	租金记入“综合费用表”，贴息记入“利润表”财务费用
应收款贴现	贴息记入“利润表”财务费用
缴纳违约订单罚款	记入“综合费用表”其他损失
支付设备维护费	记入“综合费用表”设备维护费
计提折旧	记入“利润表”折旧
新市场/ISO 资格换证	无

完成一年经营后，可以根据盘面各费用项生成综合费用表，之后再生成利润表，利润表数据来源及勾稽关系如表 2-8 所示。

表 2-8 利润表数据来源及勾稽关系

编号	项目	数据来源	勾稽关系
1	销售收入	产品核算统计表	—
2	直接成本	同上	—
3	毛利		=1-2
4	综合费用	综合费用表	—
5	折旧前利润		=3-4
6	折旧	盘面	—
7	支付利息前利润		=5-6
8	财务费用	盘面	—
9	税前利润		=7-8
10	所得税	税前利润的 25%①	—
11	年度净利		=9-10

说明：销售收入——不论该销售有无收现，均记入当年销售收入；

直接成本——只记已经实现销售的产品；

财务费用——含长贷利息、短贷利息及贴息(只记已经付现的费用)。

接下来，生成资产负债表，资产负债表数据来源及勾稽关系如表 2-9 所示。

表 2-9 资产负债表数据来源及勾稽关系

项目	来源说明	项目	来源说明
现金	盘面	长期负债	盘面
应收款	盘面	短期负债	盘面
在制品	盘面	应交所得税	本年利润表
产成品	盘面	—	—
原材料	盘面	—	—
流动资产合计	以上各项目之和	负债合计	以上 3 项之和

① 如果企业本年税前利润在弥补了前五年亏损之后，仍有盈利，则(盈利部分×所得税率)计入当年所得税，并在下一年年初缴纳。如第 1、2、3 年税前利润分别为−5W、−6W、20W，则第 1、2 年不计税，第 3 年计税为(−5−6+20)×25%=2.25W，则实际支付 2W(四舍五入)，并在第 4 年年初付现缴纳。

计算所得税时还可能会遇到一种情况，如第 1、2、3 年税前利润分别为−5W、6W、3W，则第 2 年产生应税利润 1W，不计税；第 3 年应税利润为 1+3=4W，计税 1W。关于所得税的更详细介绍参见：http://bbs.135e.com (新手指南—填写报表)。

(续表)

项目	来源说明	项目	来源说明
厂房	盘面	股东资本	初始设定(不变)
生产线	盘面	利润留存	上年利润留存+上年年度净利
在建工程	盘面	年度净利	本年利润表
固定资产合计	以上 3 项之和	所有者权益合计	以上 3 项之和
资产总计	流动资产合计+固定资产合计	负债和所有者权益总计	负债合计+所有者权益合计

特别提示

在制品、产成品、原材料入账的是价值，而非数量。

2.4　起始年经营

学习了经营规则之后，原管理层本着“扶上马，送一程”的原则，将带领新领导层经营一年，第一年称为起始年或第 0 年。起始年新管理层的主要任务是磨合团队，熟悉规则，为将来的经营打下基础。

原管理层决定起始年以稳健经营为主，最好略有发展，制定的经营策略如下。

- 年初支付 1W 广告费。
- 第 3 季度申请 20W 短贷。
- 开发一条自动线(第 2 季度开建)，生产 P1，第 1 季度卖掉一条手工线。
- 第 4 季度订 1 个 R1。

起始年得到一张本地市场订单——6 个 P1，2 个应收账期，32W 销售额。营销总监据此填写订单登记表和销售核算统计表。执行以上经营策略，得到起始年经营流程表(见表 2-10)和起始年财务报表(见表 2-11)。

表 2-10　起始年经营流程表

	操作流程	手工记录	
年初	新年度规划会议	20	
	广告投放	-1	
	参加订货会选订单/登记订单		
	支付应付税	-1	

(续表)

	操作流程	手工记录			
年初	支付长贷利息	-4			
	更新长期贷款/长期贷款还款				
	申请长期贷款				
1	季初盘点(请填余额)	14	12	4	32
2	更新短期贷款/短期贷款还本付息				
3	申请短期贷款			20	
4	原材料入库/更新原料订单	-2			
5	下原料订单				(1R1)
6	购买/租用厂房				
7	更新生产/完工入库				
8	新建/在建/转产/变卖生产线	1	-5	-5	-5
9	紧急采购(随时进行)				
10	开始下一批生产		-2	-1	-1
11	更新应收款/应收款收现			15	32
12	按订单交货		交货		
13	产品研发投资				
14	厂房出售(买转租)/退租/租转买				
15	新市场开拓/ISO资格投资				
16	支付管理费/更新厂房租金	-1	-1	-1	-1
17	出售库存				
18	厂房贴现				
19	应收款贴现				
20	季末收入合计				
21	季末支出合计				
22	季末对账[(1)+(20)-(21)]	12	4	32	
年末	缴纳违约订单罚款				
	支付设备维护费				-3
	计提折旧				(4)
	新市场/ISO资格换证				
	结账				54

表 2-11 起始年财务报表

综合费用表

项目	金额(单位：W)
管理费	4
广告费	1
设备维护费	3
其他损失①	2
转产费	
厂房租金	
新市场开拓	
ISO 资格认证	
产品研发	
信息费	
合计	10

利润表

项目	金额(单位：W)
销售收入	32
直接成本	12
毛利	20
综合费用	10
折旧前利润	10
折旧	4
支付利息前利润	6
财务费用	4
税前利润	2
所得税②	0
年度净利	2

资产负债表

项目	金额(单位：W)	项目	金额(单位：W)
现金	54	长期负债	40
应收款		短期负债	20
在制品	6	应交所得税	
产成品	4	—	—
原材料	1	—	—
流动资产合计	65	负债合计	60
厂房	40	股东资本	50
生产线	6	利润留存	14
在建工程	15	年度净利	2
固定资产合计	61	所有者权益合计	66
资产合计	126	负债和所有者权益合计	126

① 手工线出售时净值为 3W，只得到相当于残值 1W 的现金，故记其他损失 2W。

② 所得税向下取整，2×25%=0.5，故此处记为 0。

学习了基本的经营流程和规则，新的管理层将接过企业发展的重任，完全独立经营。这是一个全新的开始，充满挑战与机遇，独立面对市场，必须要读懂由权威市场调研机构提供的对未来 6 年中各个市场需求所做的预测。该预测有很高的可信度，但根据这一预测进行企业运营，后果自负。

图 2-9 是对本地市场 P 系列产品第 1～6 年的预测，左边柱状图表示 P 系列产品需求量预测，右边折线图表示 P 系列产品价格预测。除了需求量和价格外，还需要注意客户对技术及产品质量的要求。

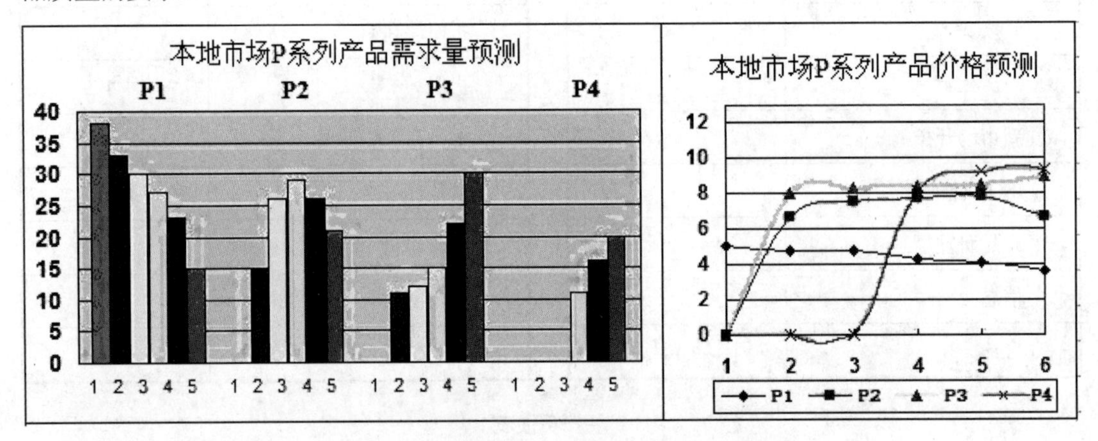

图 2-9　本地市场 P 系列产品第 1～6 年的预测

接下来，我们将开始全新的经营之旅。

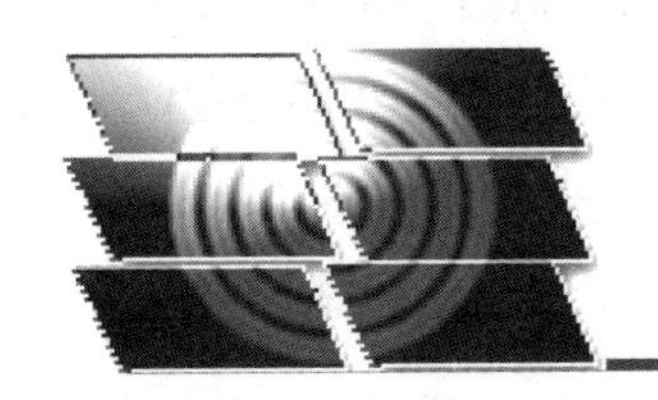

第3章 ERP电子沙盘经营

3.1 百树电子沙盘 V4.3(人机/人人)介绍

企业模拟经营分基于过程和基于纯决策两类，前者以电子沙盘为代表，后者以“GMC”和“商道”为代表。前者注重经营过程，模拟情景，更适合没有企业经验的大中专学生使用；后者侧重对诸多决策变量进行分析，适合有企业经验的 MBA 学生或社会人士使用。前者的核心是模拟企业经营场景并对过程进行合理的控制；后者的核心是对经营变量进行数学建模。前者总体看是一个白箱博弈过程；后者是一个黑箱博弈过程。对于没有企业经验的学生而言，首先应获得经营的感性认识，以此为基础，在决策过程中学习经营管理。

杭州百树科技有限公司专注研究 ERP 沙盘模拟课程体系近十年，其中百树电子沙盘①(人机对抗版)是该公司倾力打造的“拳头”产品，如图 3-1 所示。全真模拟企业经营过程，营造市场竞争氛围，集成选单、多市场同选、竞单、组间交易等多种市场方式。

百树电子沙盘支持创建多个账套，分为人人竞赛与人机对抗两种模式，其中人人对抗即传统电子沙盘教学竞赛形式，一个账套支持 2～99 组学员同时进行企业经营，相互之间可以实现合作与竞争。从对抗模式具有以下特点。

- 可以自由设置市场订单和经营规则，其模板为 Excel 文件，运用 Excel 文件即可与全国同行交流。
- 可以自行设定初始资金、贷款额度及利率、所得税率、库存折价率、违约扣款率、选

① www.135e.com，具体申请方法见附录 C。

单时间、商业情报搜集有效时间、市场老大等相关参数。

- 可以自由设置初始状态，既可以选择创业经营(即只有初始资金)，也可以选择二代经营(接手一家已经经营若干年的企业)，给教师提供更多规则和教学空间。
- 集成商战和创业者两种初始化模式。
- 支持当年还原、当季还原，并且支持学生端操作，由裁判控制。
- 经营活动全程监控，完整的经营数据分析，财务报表自动核对，经营数据以 Excel 格式导出，使教学管理更轻松。
- 计时设置、一键导出所有经营数据、巡盘发布报表及广告信息。
- 软件自带数据引擎，无须借助外部数据库，免去了烦琐的数据库配置；自带 IIS 发布，无须做复杂的 IIS 配置，安装使用简便易行。
- 支持终身免费在线升级、获得教学资源。
- 与实物沙盘兼容，可以用于教学，用于竞赛更具优势。
- 提供配套教学资源，与主流产品教学资源通用。
- 集成 ERP 沙盘知识库，学生操作到任何一步，均可以在线同步学习相关知识，有文档、视频等多种形式，轻松实现自我学习。

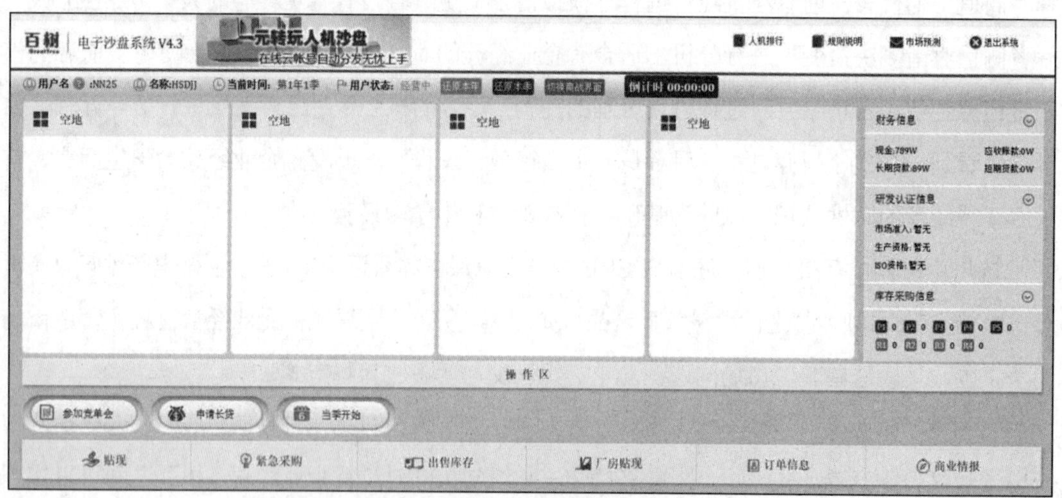

图 3-1　百树电子沙盘(人机对抗版)

3.2　电子沙盘经营规则与过程

ERP 实物沙盘经营侧重对企业的综合认知，但存在不可避免的 3 个问题：其一，企业经营监控不力，在企业运营的各个环节(如营销环节、运营环节、财务环节等)存在有意或无意的疏漏和舞弊，控制成本巨大；其二，受时空限制，可以参与课程的人数有限；其三，教师工作量大，不能做到精细化数据管理，也不能实现管理工具和方法的综合应用。

电子沙盘经营可以作为集中课程，也可以由学生社团组织沙盘比赛，以比赛的形式开展。在层层比赛的形式中，学生可以有更多的时间和更好的氛围，多次反复地进行体验训练。由于有这样反复“做”的过程，学生对企业经营从“会”的阶段，可以逐步进阶到“熟”的阶段。系统对各任务操作次数有严格规定，有的任务可以多次操作，有的只能一个季度操作一次。表 3-1 是实物沙盘与电子沙盘操作对照表。

表 3-1　实物沙盘与电子沙盘操作对照表

手工操作流程	系统操作对应按钮	系统操作要点	系统操作次数限制
投放广告	投放广告	输入广告费，确认	1 次/年
参加订货会选订单/登记订单	参加订货会	选单	1 次/年
支付应付税	投放广告	系统自动	
支付长贷利息	投放广告	系统自动	
更新长期贷款/长期贷款还款	投放广告	系统自动	
申请长期贷款	申请长贷	输入贷款数额并确认	不限
季初盘点(请填余额)	当季开始	产品下线，生产线完工(自动)	1 次/季度
更新短期贷款/短期贷款还本付息	当季开始	系统自动	1 次/季度
申请短期贷款	申请短贷	输入贷款数额并确认	1 次/季度
原材料入库/更新原料订单	更新原料库	需要确认付款金额	1 次/季度
下原料订单	下原料订单	输入并确认	1 次/季度
购买/租用厂房	购置厂房	选择并确认，自动扣现金	不限
更新生产/完工入库	当季开始	系统自动	1 次/季度
新建/在建/转产/变卖生产线	新建生产线，在建生产线，生产线转产，变卖生产线	选择并确认	新建/转产/变卖——不限，在建——1 次/季度
紧急采购(随时进行)	紧急采购	随时进行输入并确认	不限
开始下一批生产	下一批生产	选择并确认	不限
更新应收款/应收款收现	应收款更新	需要输入到期金额	1 次/季度
按订单交货	按订单交货	选择交货订单并确认	不限
产品研发投资	产品研发	选择并确认	1 次/季度

(续表)

手工操作流程	系统操作对应按钮	系统操作要点	系统操作次数限制
厂房出售(买转租)/退租/租转买	厂房处理	选择并确认，自动转应收款	不限
新市场开拓/ISO 资格投资	市场开拓，ISO 投资	仅第 4 季度允许操作	1 次/年
支付管理费/更新厂房租金	当季(年)结束	系统自动	1 次/季度
出售库存	出售库存	输入并确认(随时进行)	不限
厂房贴现	厂房贴现	选择并确认(随时进行)	不限
应收款贴现	贴现	输入并确认(随时进行)	不限
—	情报搜集	选择并确认(随时进行)	不限
缴纳违约订单罚款	当年结束	系统自动	1 次/年
支付设备维修费	当年结束	系统自动	1 次/年
计提折旧	当年结束	系统自动	1 次/年
新市场/ISO 资格换证	当年结束	系统自动	1 次/年
结账	当年结束	系统自动(裁判核对报表)	1 次/年

下面将详细介绍电子沙盘系统学生端操作规则。

1. 首次登录

在浏览器[①]地址栏中输入“http://服务器地址”(若非 80 端口，则输入“http://服务器地址:端口”)进入系统，登录界面如图 3-2 所示。登录用户名前缀由裁判(教师)分配，登录号分别为 01、02、03 等，初始密码为“1”。登录后，系统要求修改登录密码，填写公司名称、公司宣言及各角色姓名。

图 3-2 登录界面

① 推荐谷歌浏览器，也支持搜狗、QQ、360 浏览器极速模式。

以下为年初操作。

2. 投放广告

单击 “投放广告” 按钮，系统弹出 “投放广告” 对话框，如图 3-3 所示。

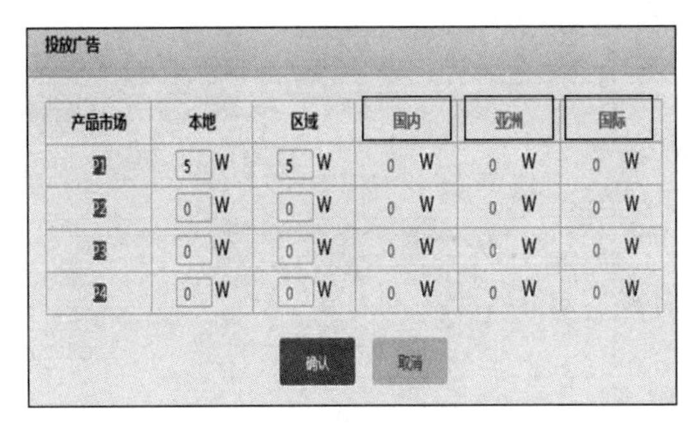

图 3-3　投放广告

- 没有获得任何市场准入证时不能投放广告(系统认为其投放金额只能为 0)。
- 不需要对 ISO 单独投放广告。
- 在“投放广告”对话框中，框线内为尚未开发完成的市场，不可投放广告。
- 产品资格未开发完成也可以投放广告。
- 完成所有市场产品投放后，若确认支付，便不能返回更改。
- 确认投放广告后，长贷本息及税金同时被自动扣除(其中长贷利息是所有长贷加总乘以利率再四舍五入)。

特别提示

- 我们将一个市场与产品的组合称为回合。如图 3-3 所示，分别是(本地，P1)、(本地，P2)、(本地，P3)、(本地，P4)、(区域，P1)、(区域，P2)……(国际，P3)、(国际，P4)，共 20 个回合。
- 在一个回合中，每投放 1W(为参数，称为最小得单广告额，可修改)广告费将获得一次选单机会，此后每增加 2W(最小得单广告额的 2 倍)就多一次选单机会。例如，投入 7W 表示最多有 4 次机会，但是能否行使 4 次机会取决于市场需求和竞争态势。
- 最小得单广告额如果为 10W，则每增加 20W 多一次选单机会。如果投放小于 10W 的广告额，则无选单机会，但仍扣广告费，对计算市场广告额有效。投放的广告额可以不是 10 的倍数，如 11W、12W 均可，都只有一次选单机会，但投入多者优先选单。

3. 获取订单

订单获取分为选单与竞单两种方式。

(1) 参加订货会——选单。

上述投放广告针对的是选单，如图 3-4 所示。

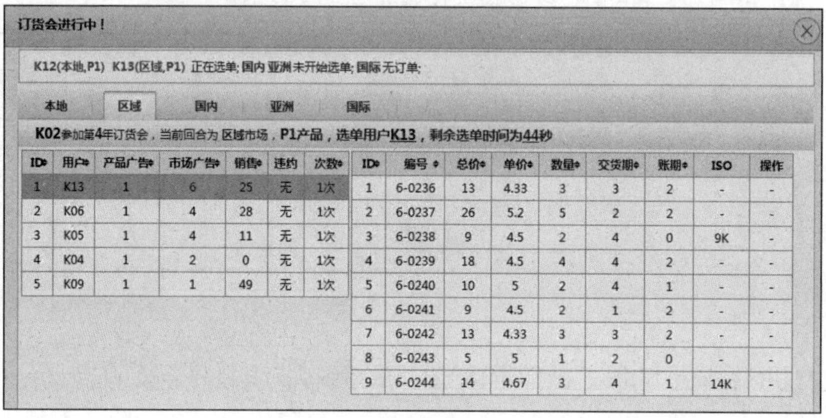

订货会进行中！

K12(本地,P1) K13(区域,P1) 正在选单; 国内 亚洲未开始选单; 国际无订单;

本地 区域 国内 亚洲 国际

K02参加第4年订货会，当前回合为 区域市场，P1产品，选单用户K13，剩余选单时间为44秒

ID	用户	产品广告	市场广告	销售	违约	次数
1	K13	1	6	25	无	1次
2	K06	1	4	28	无	1次
3	K05	1	4	11	无	1次
4	K04	1	2	0	无	1次
5	K09	1	1	49	无	1次

ID	编号	总价	单价	数量	交货期	账期	ISO	操作
1	6-0236	13	4.33	3	3	2	-	-
2	6-0237	26	5.2	5	2	2	-	-
3	6-0238	9	4.5	2	4	0	9K	-
4	6-0239	18	4.5	4	4	2	-	-
5	6-0240	10	5	2	4	1	-	-
6	6-0241	9	4.5	2	1	2	-	-
7	6-0242	13	4.33	3	3	2	-	-
8	6-0243	5	5	1	2	0	-	-
9	6-0244	14	4.67	3	4	1	14K	-

图 3-4 选单

- 系统自动依据以下规则确定选单顺序：上一年市场销售第一名(且无违约)为市场老大，市场老大优先选单，若有多队并列第一，则市场老大由系统随机决定，可能为其中的某队，也可能无市场老大(本条适用于规则中市场老大设置为“有”)；之后以本回合广告额投放大小顺序依次选单；如果本回合广告额相同，则看本市场广告投放总额；如果本市场广告总额也相同，则看上一年本市场销售排名；若仍无法确定，则先投广告者先选单。第 1 年无订单。
- 每回合选单可能有若干轮，每轮选单过程中，各队按照排定的顺序依次选单，但只能选一张订单。当所有队都选完一轮后，若再有订单，有两次选单机会的各队进行第二轮选单。以此类推，直到所有订单被选完或所有队退出选单为止，本回合结束。
- 当轮到某一公司选单时，系统以倒计时的形式，给出本次选单的剩余时间，每次选单的时间上限为系统设置的选单时间，即在规定的时间内必须做出选择(选定或放弃)，否则系统自动视为放弃选择订单。无论是主动放弃还是超时系统放弃，都将视为放弃本回合的所有选单。
- 放弃某回合中的一次选单机会，视同放弃本回合中的所有选单机会，但不影响以后回合选单，且仍可观看其他队选单。
- 选单权限由系统自动传递。
- 系统自动判定是否有 ISO 资格。

- 选单时可以根据订单各要素(总价、单价、交货期、账期等)进行排序，辅助选单。
- 系统允许多个市场同时进行选单。如以两个市场同时开单为例，各队需要同时关注两个市场的选单进程，若其中一个市场先结束，则第三个市场立即开单，即任何时候都会有两个市场同时开单，除非到最后只剩下一个市场选单未结束。例如，某年有本地、区域、国内、亚洲 4 个市场有选单，系统首先将本地、区域同时放单，各市场按 P1、P2、P3、P4 顺序独立放单，若本地市场选单结束，国内市场立即开单，此时区域、国内两市场保持同开，紧接着区域结束选单，亚洲市场立即放单，即国内、亚洲两市场同开。选单时各队需要单击相应的“市场”按钮，某一市场选单结束，系统不会自动跳到其他市场。

(2) 竞单。

竞单也称为竞拍或招标，如图 3-5 所示。竞单在选单后，不一定每年都有，裁判会事先公布哪年有。

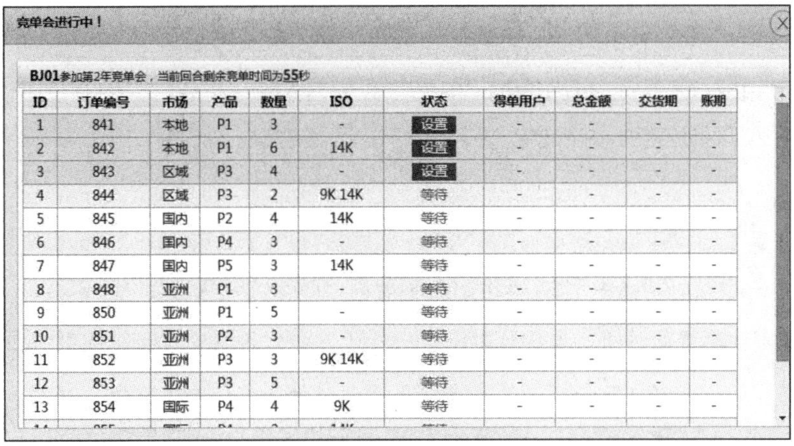

竞单会进行中！

BJ01参加第2年竞单会，当前回合剩余竞单时间为55秒

ID	订单编号	市场	产品	数量	ISO	状态	得单用户	总金额	交货期	账期
1	841	本地	P1	3	-	设置	-	-	-	-
2	842	本地	P1	6	14K	设置	-	-	-	-
3	843	区域	P3	4	-	设置	-	-	-	-
4	844	区域	P3	2	9K 14K	等待	-	-	-	-
5	845	国内	P2	4	14K	等待	-	-	-	-
6	846	国内	P4	3	-	等待	-	-	-	-
7	847	国内	P5	3	14K	等待	-	-	-	-
8	848	亚洲	P1	3	-	等待	-	-	-	-
9	850	亚洲	P1	5	-	等待	-	-	-	-
10	851	亚洲	P2	3	-	等待	-	-	-	-
11	852	亚洲	P3	3	9K 14K	等待	-	-	-	-
12	853	亚洲	P3	5	-	等待	-	-	-	-
13	854	国际	P4	4	9K	等待	-	-	-	-

图 3-5　竞单

竞单(和选单结构完全一样)标明了订单编号、市场、产品、数量、ISO 等。其中，总金额、交货期、账期这 3 项为空，需各个队伍根据情况自行填写。

参与竞单的公司需要有相应市场、ISO 认证的资质，但不必有生产资格。

中标的公司需要为该单支付1W(等于最小得单广告额，为可变参数)标书费，在竞单结束后一次性扣除，记入广告费。

如果(已竞得单张数+竞单同竞数)×最小得单广告额＞现金余额，则不能再竞单，即必须有一定现金库存作为保证金。例如，竞单同竞数为 3，库存现金为 5W，已经竞得 3 张订单，扣除 3W 标书费，还剩 2W 库存现金，则不能继续参与竞单，因为如果再竞得 3 张，2W 库存现金不足支付 3W 标书费。这种情况下如果最小得单广告额为 10W，则即使有 59W 库存现金也不能继续参与竞单。

为防止恶意竞单，需对竞得单张数进行限制，如果{某队已竞得单张数＞ROUND(3×该年竞单总张数÷参赛队数)}，则不能继续竞单。

特别提示

- ROUND 表示四舍五入。
- 如上式为等式，可以继续参与竞单。
- 参赛队数指经营中的队伍，若破产继续经营也算在其内，破产退出经营则不算在其内。

例如，某年竞单，共有 40 张订单，20 队(含破产继续经营)参与竞单，若某队已经竞得 7 张单，7＞ROUND(3×40÷20)，则不能继续竞单；但如果已经竞得 6 张，则可以继续参与竞单。

参与竞单的公司需根据所投标的订单，在系统规定时间(为参数，以倒计时形式显示)内填写总价、交货期、账期 3 项内容，确认后系统按照以下公式计算得分，选出中标者(得分高者中标，若得分相同，则先提交者中标)。

得分=100+(5−交货期)×2+应收账期−8×总价÷(该产品直接成本×数量)

特别提示

- 总价不能低于(可以等于)成本价，也不能高于(可以等于)成本价的 3 倍。
- 必须为竞单留足时间，当倒计时小于或等于 5 秒时再提交，可能无效。
- 竞得订单与选中订单一样，算市场销售额，对计算市场老大有效，违约扣违约金。
- 竞单时不允许紧急采购，不允许搜集商业情报。

4. 申请长期贷款

单击“申请长贷”按钮，系统弹出“申请长贷”对话框，如图 3-6 所示。

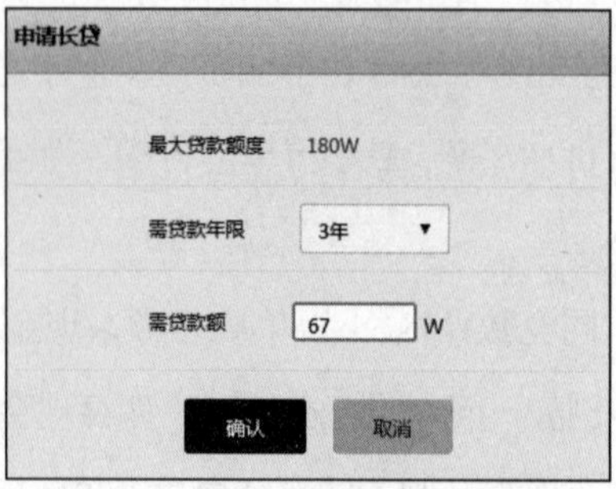

申请长贷
最大贷款额度 180W
需贷款年限 3年
需贷款额 67 W
确认 取消

图 3-6 申请长贷

- 订货会结束后直接操作，一年只能操作一次，但可以申请不同年份的若干笔贷款。
- 此操作必须在“当季开始”之前进行。
- 不可超出最大贷款额度，即长短贷总额(已贷+欲贷)不可超过上年权益规定的倍数(为参数，默认为 3 倍)。
- 可选择贷款年限，但不可超过最大长贷年限(为参数)，确认后不可更改。
- 贷款额为不小于 10 的整数。
- 利息=所有长贷之和×利率，结果四舍五入。

摆盘：增加现金，同时在长贷处增加不同年份的贷款。

以下为季度操作。

5. 季度任务启动与结束

单击“当季开始”或“当季结束”按钮即可开始经营或结束经营，如图 3-7 所示。

图 3-7　季度任务启动与结束

- 每季度经营开始及结束需要确认——当季开始、当季(年)结束(第 4 季度为当年结束)。
- 请注意操作权限，亮色按钮为可操作权限。
- 如果破产则无法继续经营，自动退出系统，可联系裁判。
- 现金不够请紧急融资(出售库存、贴现、厂房贴现)。
- 更新原料库和更新应收款为每季必须要进行的操作，且这两步操作后，前面的操作权限将关闭，后面的操作权限将打开。
- 若对经营难度无影响，则对操作顺序并无严格要求，但建议按流程走。

6. 当季开始

单击“当季开始”按钮，系统弹出“当季开始”对话框，如图 3-8 所示。

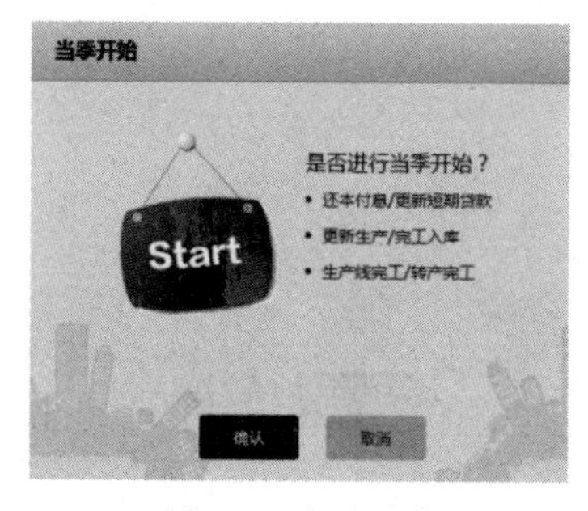

图 3-8　当季开始

➢ 选单结束或长贷后可以当季开始。

➢ 开始新一季度经营必须当季开始。

➢ 系统自动扣除短贷本息。

➢ 系统自动完成更新生产、产成品完工入库、生产线建设完工及转产完工操作。

7. 当季结束

单击“当季结束”按钮，系统弹出“当季结束”对话框，如图 3-9 所示。

图 3-9　当季结束

➢ 一季度经营完成需要当季结束确认。

➢ 系统自动扣管理费(为参数)及续租租金，并检测产品开发完成情况。

特别提示

如果管理费与厂房数无关，则每季度收取基本管理费(参数)；如果管理费与厂房数有关，则当厂房数量为 0、1、2 时，每季度管理费为基本管理费；厂房数量为 3、4 时，每季度管理费＝基本管理费×2。

8. 申请短贷

单击“申请短贷”按钮，系统弹出“申请短贷”对话框，如图 3-10 所示。

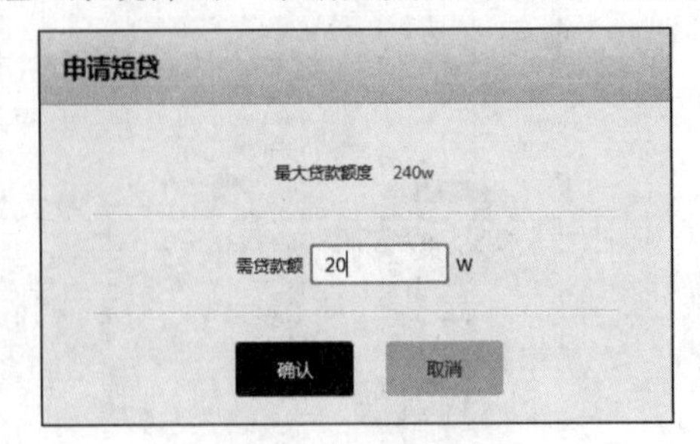

图 3-10　申请短贷

➢ 一个季度只能操作一次。

➢ 申请额为不小于 10 的整数。

➢ 不可超出最大贷款额度，即长短贷总额(已贷+欲贷)不可超过上年权益规定的倍数(为参数，默认为 3 倍)。

9. 更新原料库

单击“更新原料库”按钮，系统弹出“更新原料”对话框，如图 3-11 所示。

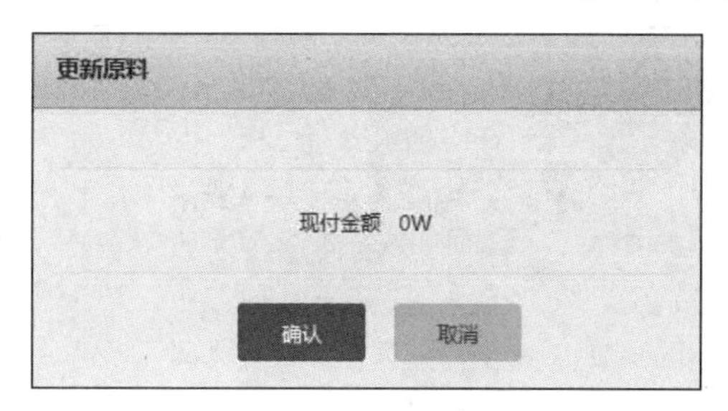

图 3-11 更新原料库

➢ 系统自动提示需要支付的现金(不可更改)。

➢ 单击“确认”按钮即可，即使支付现金为零也必须执行。

➢ 系统自动扣减现金。

➢ 确认后，后续的操作权限(“订购原料”到“应收款更新”)方可开启，前面的操作权限将关闭。

➢ 一个季度只能操作一次。

10. 订购原料

单击“订购原料”按钮，系统弹出“订购原料”对话框，如图 3-12 所示。

订购原料

原料	价格	运货期	数量
R1	1W	1季	0
R2	1W	1季	0
R3	1W	2季	0
R4	1W	2季	0

确认 取消

图 3-12 订购原料

- 输入所有需要订购原料的数量，然后单击“确认”按钮。
- 确认订购后不可退订。
- 可以不下订单。
- 一个季度只能操作一次。

11. 购租厂房

单击“购租厂房”按钮，系统弹出“购租厂房”对话框，如图 3-13 所示。

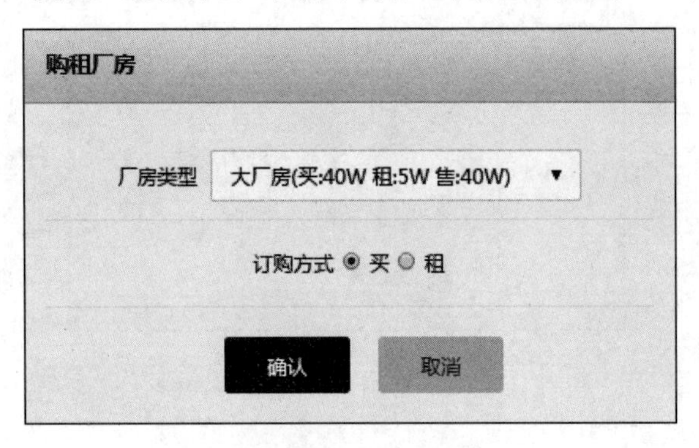

图 3-13　购租厂房

- 厂房可买可租。
- 最多可使用 4 个厂房。
- 4 个厂房可以任意组合，如租 3 买 1 或者租 1 买 3。
- 某类厂房使用数不可超过上限，如大厂房最多可以使用 2 个。
- 生产线不可在不同厂房移位。

12. 新建生产线

单击“新建生产线”按钮，系统弹出“新建生产线”对话框，如图 3-14 所示。

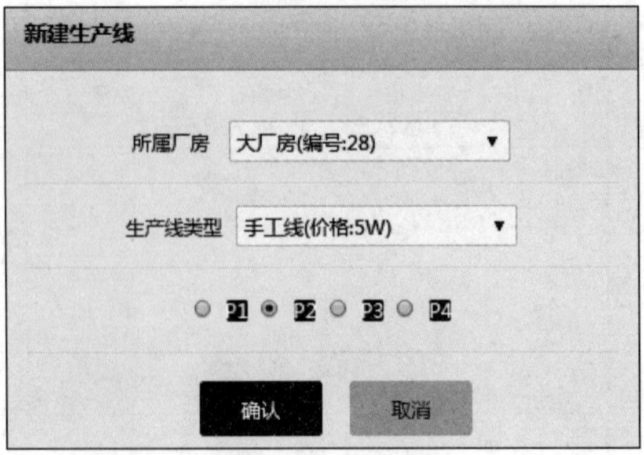

图 3-14　新建生产线

➢ 需选择所属厂房、生产线类型、生产产品类型。
➢ 一个季度可操作多次，直至生产线位铺满。

特别提示

➢ 企业新建生产线时便已经决定生产何种产品了，此时并不要求企业一定具备该产品生产资格。
➢ 安装周期为 0，表示即买即用。
➢ 计算投资总额时，若安装周期为 0，则按 1 算。

13. 在建生产线

单击“在建生产线”按钮，系统弹出“在建生产线”对话框，如图 3-15 所示。

在建生产线

在建生产线 注意：本操作每季度仅允许操作一次。

反选	编号	厂房	类型	产品	累计投资	开建时间	剩余时间
☐	94	大厂房	自动线	P1	5W	第1年1季	2季
☐	95	大厂房	自动线	P2	5W	第1年1季	2季
☐	96	大厂房	自动线	P2	5W	第1年1季	2季

图 3-15　在建生产线

➢ 系统自动列出投资未完成的生产线。
➢ 选择需要继续投资的生产线。
➢ 可以不选——表示本季度中断投资。
➢ 一个季度只可操作一次。

特别提示

➢ 一条生产线待最后一期投资到位后，必须到下一季度才算安装完成，才允许投入使用。
➢ 各队之间不允许相互购买生产线，只允许向设备供应商(管理员)购买。

14. 生产线转产、继续转产

单击“生产线转产”按钮，系统弹出“生产线转产”对话框，如图 3-16 所示。

生产线转产

反选	生产线编号	所属厂房	生产线类型	产品类型	转产周期	转产费
☐	97	大厂房(28)	手工线	P1	0季	0W
☐	98	大厂房(28)	手工线	P1	0季	0W
转产产品	○P1 ○P2 ○P3 ○P4					

图 3-16　生产线转产

➢ 选择需要转产的生产线。

➢ 选择转产指向的产品，然后确认。

➢ 转产周期为 0 也需要操作，但不会停产。

➢ 若转产周期为 2 期(含)以上，则需要继续转产，操作与在建生产线类似。

15. 出售生产线

单击“出售生产线”按钮，系统弹出“出售生产线”对话框，如图 3-17 所示。

出售生产线

反选	生产线编号	类型	开建时间	所属厂房	产品	净值	建成时间
☐	97	手工线	第1年2季	大厂房(28)	P1	5W	第1年2季
☐	98	手工线	第1年2季	大厂房(28)	P1	5W	第1年2季

图 3-17　出售生产线

➢ 选择要出售的生产线(建成后没有在制品的空置生产线，转产中生产线不可出售)。

➢ 出售后，从净值中按残值收回现金，净值高于残值的部分记入当年费用的损失项。

16. 开始生产

单击“开始生产”按钮，系统弹出“开始下一批生产”对话框，如图 3-18 所示。

开始下一批生产

生产线编号	所属厂房	生产线类型	生产类型	反选
97	大厂房(28)	手工线	P1	☐
98	大厂房(28)	手工线	P1	☐

图 3-18　开始生产

➢ 更新生产/完工入库后，某些生产线的在制品已经完工，同时某些生产线已经建成，可开始生产新产品。

➢ 自动检测原料、生产资格、加工费。

➢ 选择要生产的生产线。

➢ 系统自动扣除原材料及加工费。

特别提示

➢ 下一批生产前提有 3 个：原材料、加工费、生产资格。

➢ 任何一条生产线只能有一个在产品。

17. 应收款更新

单击“应收款更新”按钮，系统弹出“应收款更新”对话框，如图 3-19 所示。

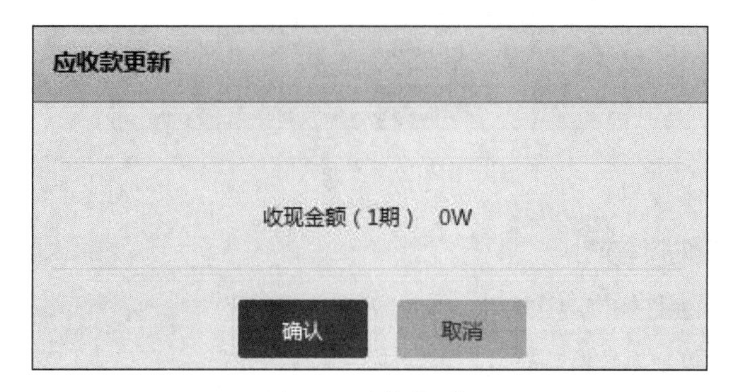

图 3-19　应收款更新

➢ 单击“确认”按钮后，系统自动完成更新。

➢ 执行完此项操作后，前面的各项操作权限将关闭(不能返回以前的操作任务)，并开启后续的操作任务，如按订单交货、产品研发、厂房处理等。

18. 订单交货

单击“按订单交货”按钮，系统弹出“订单交货”对话框，如图 3-20 所示。

订单交货

订单编号	市场	产品	数量	总价	得单年份	交货期	账期	ISO	操作
24-0017	本地	P1	4	19W	第2年	4季	1季	-	确认交货
24-0049	区域	P1	3	15W	第2年	4季	3季	-	确认交货
24-0076	区域	P2	3	20W	第2年	4季	2季	-	确认交货
24-0085	区域	P3	2	15W	第2年	4季	2季	-	确认交货
24-0032	本地	P2	3	18W	第2年	4季	3季	-	确认交货

图 3-20　订单交货

- 系统自动列出当年未交且未过交货期的订单。
- 自动检测成品库存是否足够、交货期是否过期。
- 单击“确认交货”按钮，系统自动增加应收款或现金。

订单属性与实物沙盘相同。

19. 产品研发

单击“产品研发”按钮，系统弹出“产品研发”对话框，如图 3-21 所示。

产品研发

选择项	产品	投资费用	投资时间	剩余时间
☑	P1	1W/季	2季	-
☑	P2	1W/季	3季	-
☐	P3	1W/季	4季	-
☐	P4	1W/季	5季	-

确认　取消

图 3-21　产品研发

- 选择要研发的所有产品。
- 一个季度只允许操作一次。
- 当季(年)结束，系统检测研发是否完成。

20. 厂房处理

单击“厂房处理”按钮，系统弹出“厂房处理”对话框，如图 3-22 所示。

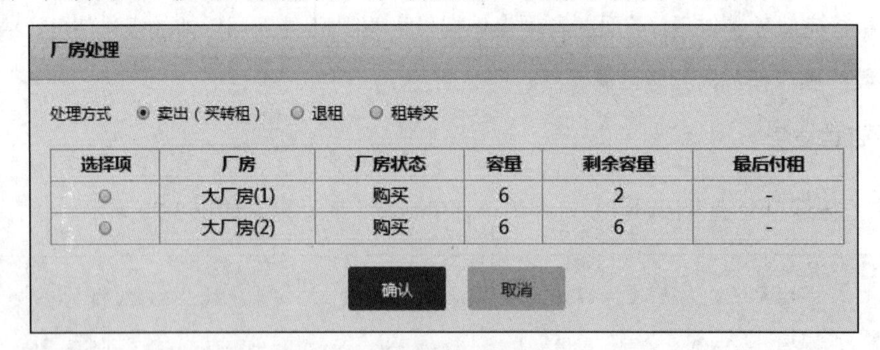
厂房处理

处理方式　◉ 卖出（买转租）　○ 退租　○ 租转买

选择项	厂房	厂房状态	容量	剩余容量	最后付租
○	大厂房(1)	购买	6	2	-
○	大厂房(2)	购买	6	6	-

确认　取消

图 3-22　厂房处理

- 本操作适用于已经在用的厂房，若要新置厂房，请操作“购租厂房”。
- 如果拥有厂房但无生产线，可卖出，增加 Q4 应收款，并删除厂房。
- 如果拥有厂房且有生产线，卖出后增加 Q4 应收款，自动转为租用，并扣当年租金，记下起租时间。

➢ 租入厂房可以转为购买(租转买)，并立即扣除现金；如果无生产线，可退租并删除厂房。

➢ 租入厂房离上次付租金满一年(如上一年第 2 季度到本年第 2 季度视为满一年)后，如果不执行本操作，则视为续租，并在当季结束时自动扣下一年租金。

21. 市场开拓

单击“市场开拓”按钮，系统弹出“市场开拓”对话框，如图 3-23 所示。

市场开拓

选择项	市场	投资费用	投资时间	剩余时间
▢	本地	1W/年	1年	-
▢	区域	1W/年	1年	-
▢	国内	1W/年	2年	-
▢	亚洲	1W/年	3年	-
▢	国际	1W/年	4年	-

确认　取消

图 3-23　市场开拓

➢ 选择所要开拓的市场，然后单击“确认”按钮。

➢ 只有第 4 季度可操作一次，可中断投资。

➢ 当年结束，系统自动检测市场开拓是否完成。

特别提示

若第 1 年第 4 季度不操作市场开拓，则第 2 年年初会因无市场资格而无法投放广告并选单。

22. ISO 投资

单击“ISO 投资”按钮，系统弹出“ISO 投资”对话框，如图 3-24 所示。

ISO投资

选择项	名称	投资费用	投资时间	剩余时间
▢	ISO9000	1W/年	2年	-
▢	ISO14000	2W/年	2年	-

确认　取消

图 3-24　ISO 投资

➢ 选择所要投资的 ISO 资格，然后单击“确认”按钮。

➢ 只有第 4 季度可操作一次，可中断投资。

➢ 当年结束，系统自动检测 ISO 资格是否完成。

23. 当年结束并填写报表

单击“当年结束”按钮，系统弹出“当年结束”对话框，如图 3-25 所示。

图 3-25 当年结束

单击“填写报表”按钮，系统弹出“综合费用表”对话框，如图 3-26 所示。

综合费用表

综合费用表 | 利润表 | 资产负债表

资产	期末	负债和所有者权益	期末
流动资产		负债	
现金	0 W	长期贷款	0 W
应收款	0 W	短期贷款	0 W
在制品	0 W	特别贷款	0 W
产成品	0 W	所得税	0 W
原料	0 W		
流动资产合计	0W	负债合计	0W
固定资产		所有者权益	
厂房	0 W	股东资本	0 W
机器设备	0 W	利润留存	0 W
在建工程	0 W	年度净利	0 W
固定资产合计	0W	所有者权益合计	0W
资产	0W	负债和所有者权益	0W

提交 关闭

图 3-26 填写报表

第 4 季度经营结束，需要当年结束，确认一年经营完成。系统会自动完成以下任务。

- 支付第 4 季度管理费。
- 如果有租期满一年的厂房，续付租金。
- 检测产品开发完成情况。
- 检测市场开拓及 ISO 开拓完成情况。
- 支付设备维护费。
- 计提折旧。
- 违约扣款。
- 系统会自动生成综合费用表、利润表和资产负债表三大报表。
- 可以在客户端填写三大报表，系统自动检测正确与否，若不正确则会提示；也可以不填写报表，不影响后续经营。

以下为特殊运行任务，即不受正常流程运行顺序的限制，当需要时就可以操作的任务。

24. 厂房贴现

单击“厂房贴现”按钮，系统弹出“厂房贴现”对话框，如图 3-27 所示。

厂房贴现

选择项	厂房	容量	剩余容量
○	大厂房(3)	6	6

图 3-27　厂房贴现

- 任意时间可操作。
- 如果无生产线，厂房原值售出后，售价按 4 个季度应收款全部贴现。
- 如果有生产线，除按售价贴现外，还要再扣除租金。
- 系统自动全部贴现，不允许部分贴现。

25. 紧急采购

单击“紧急采购”按钮，系统弹出“紧急采购”对话框，如图 3-28 所示。

- 可在任意时间操作(竞单时不允许操作)。
- 选择需购买的原料或产品，填写购买数量后，单击“确认采购”按钮。
- 原料及产品的价格列示在右侧栏中，默认原料的价格是直接成本的 2 倍(为参数，可修改)，产品的价格是直接成本的 3 倍(为参数，可修改)。

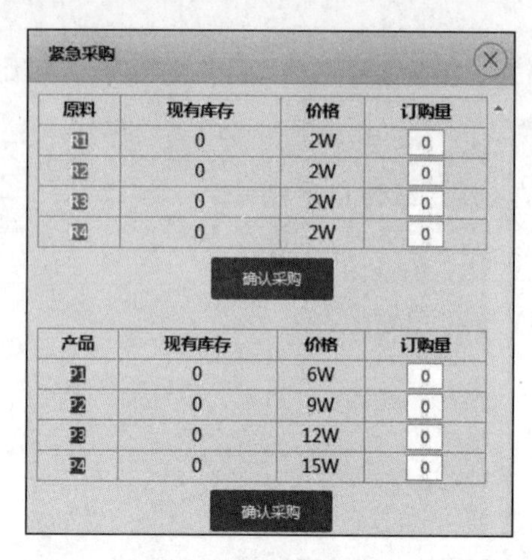

图 3-28　紧急采购

➢ 当场扣款到货。

➢ 购买的原料和产品均按照直接成本计算，高于直接成本的部分，记入“综合费用表”其他损失项。

26. 出售库存

单击“出售库存”按钮，系统弹出“出售库存”对话框，如图 3-29 所示。

图 3-29　出售库存

➢ 可在任意时间操作。

➢ 填入出售原料或产品的数量，然后确认。

➢ 原料和产品按照系统设置的折扣率回收现金，默认原料 8 折，产品按成本价。

➢ 售出后的损失部分记入“综合费用表”其他损失项。

➢ 所得现金四舍五入(原有出售的原料或产品相加再乘以折扣)。

27. 贴现

单击“贴现”按钮，系统弹出“贴现”对话框，如图 3-30 所示。

贴现

剩余账期	应收款	贴现额
1季	0W	0 W
2季	0W	0 W
3季	0W	0 W
4季	280W	0 W

确认　取消

图 3-30　贴现

➢ 第 1、2 季度与第 3、4 季度分开贴现。

➢ 第 1、2 季度(第 3、4 季度)应收款加总贴现。

➢ 可在任意时间操作且次数不限。

➢ 填入的贴现额应小于或等于应收款。

➢ 贴现额乘以对应贴现率，求得贴现费用(向上取整)，贴现费用记入“利润表”财务费用项，其他部分增加现金。

28. 商业情报

单击“商业情报”按钮，系统弹出“商业情报”对话框，如图 3-31 所示。

图 3-31　商业情报

➢ 任意时间可操作(竞单时不允许操作)；可查看任意一家企业信息，花费 1W(可变参数)即可查看一家企业情况，包括资质、厂房、生产线、订单等(不包括报表)。

➢ 以 Excel 表格形式提供。

➢ 可以免费获得自己的相关信息。

➢ 裁判端发布的公共信息(报表、广告及生产线信息)在此下载。

29. 订单信息

单击“订单信息”按钮，系统弹出“订单信息”对话框，如图 3-32 所示。

订单信息

年份选择 所有年份 ▼

订单编号	市场	产品	数量	总价	状态	得单年份	交货期	账期	ISO	交货时间
58	区域	P2	3	218W	已交	第2年	3季	3季	-	第2年2季
26	本地	P3	3	268W	已交	第2年	3季	2季	-	第2年3季
23	本地	P3	2	174W	已交	第2年	3季	2季	-	第2年3季
34	本地	P3	4	351W	已交	第2年	4季	2季	-	第2年4季
102	本地	P3	4	334W	已交	第3年	3季	2季	-	第3年3季
151	区域	P3	3	255W	违约	第3年	4季	3季	9K	-
190	国内	P3	3	253W	已交	第3年	3季	2季	-	第3年3季
192	国内	P5	4	623W	已交	第3年	3季	4季	-	第3年2季
J007	区域	P3	2	130W	已交	第4年	1季	0季	9K	第4年1季
262	区域	P5	4	643W	已交	第4年	2季	3季	14K	第4年2季
285	国内	P5	2	319W	已交	第4年	2季	1季	9K	第4年2季
J013	亚洲	P5	2	240W	已交	第4年	4季	2季	-	第4年4季

图 3-32　订单信息

➢ 任意时间可操作。

➢ 可查看所有订单信息及状态(可以按年筛选)。

30. 查看市场预测

单击“市场预测”按钮，系统弹出“市场预测”对话框，如图 3-33 所示。

➢ 任意时间可查看。

➢ 只包括选单。

31. 破产检测

➢ 广告投放完毕、当季开始、当季(年)结束、更新原料库等处，系统自动检测已有库存现金加上 3 项融资(最大贴现+出售所有库存+所有厂房贴现)是否足够支付本次支出，如果不够，则破产退出系统；如需继续经营，则联系裁判(教师)。

➢ 当年结束，若权益为负，则破产退出系统，如需继续经营，则联系管理员(教师)处理。

市场预测

以下预测表只统计选单

市场预测表——均价

序号	年份	产品	本地	区域	国内	亚洲	国际
1	第2年	P1	5.17	4.84	0	0	0
2	第2年	P2	7.06	6.47	0	0	0
3	第2年	P3	7.82	8.27	0	0	0
4	第2年	P4	11.8	10.56	0	0	0
5	第3年	P1	5.26	0	5.14	0	0
6	第3年	P2	6.82	7	0	0	0
7	第3年	P3	0	7.83	8.27	0	0
8	第3年	P4	0	0	11.92	0	0
9	第4年	P1	0	5	4.43	4.9	0
10	第4年	P2	6.68	6.88	0	6.48	0
11	第4年	P3	8.2	0	8.12	8	0
12	第4年	P4	11.9	0	0	11.52	0
13	第5年	P1	4.86	0	5.08	0	4.96
14	第5年	P2	0	6.64	7.12	7.29	6.76
15	第5年	P3	7.77	8.5	0	8.37	8.29
16	第5年	P4	0	0	0	0	11.67
17	第6年	P1	4.85	5.17	5	4.95	5.72
18	第6年	P2	6.79	0	6.58	0	6.89
19	第6年	P3	0	8.47	0	9.07	9.75
[illegible]	[illegible]	[illegible]	[illegible]	[illegible]	[illegible]	[illegible]	[illegible]

图 3-33　查看市场预测

32. 小数取整处理规则

➢ 违约金扣除(每张违约单单独计算)——四舍五入。

➢ 库存拍卖所得现金——四舍五入。

➢ 贴现费用——向上取整。

➢ 扣税——四舍五入。

33. 操作小贴士

➢ 需要付现的操作，系统均会自动检测，如果不足以付现，则无法进行下去。

➢ 请注意更新原料库及应收款，这两项操作是其他操作的开关。

➢ 如果有多个操作权限同时打开，则对操作顺序并无严格要求，但建议按顺序操作。

➢ 市场开拓与 ISO 投资仅第 4 季度可操作。

➢ 操作中发生显示不当，立即执行刷新命令(按 F5 键)或退出重新登录。

3.3 教学管理

1. 学生

➢ 角色分配——总裁 CEO、财务总监、生产总监、营销总监、采购总监。

➢ 每队至少有一台联网计算机，用于输入经营策略。

➢ 经营流程表、会计报表、预算表、产品核算统计表等若干。

2. 系统管理员(admin)

(1) 启动系统。启动系统并设置端口号，如图 3-34 所示。

图 3-34 启动系统并设置端口号

(2) 创建账套。打开浏览器，输入“http://服务器地址”(若使用非 80 端口，则输入“http://服务器地址：端口”)，输入默认系统管理员账号及密码(账号为“admin”，初始密码为“1”，初次使用务必修改密码)。系统管理员(admin)是系统自带的一个不可更改的管理员，拥有最高的管理权限，其功能有账套创建、导入导出、一键备份、网赛发布、皮肤管理、文件清理等。进入账套列表，可以创建账套(见图 3-35)，也可以用导入导出功能批量创建人机对抗账套。

账套列表

用户名　名称　密码　人人对抗　添加账套

ID	用户名	登录前缀	名称	角色	人机	密码	最后操作时间	操作
8	yxx1	TT	yxx	裁判	-	12241	2016-12-6 9:41:31	修改 删除
28	yxx4	ET	杨旭鑫	裁判	-	452415	2016-12-6 9:41:30	修改 删除
94	yxx	ZX	杨旭鑫	裁判	-	01111	2016-12-6 9:41:30	修改 删除
109	yxx9	CQ	杨旭鑫	裁判	-	91986	2016-12-6 9:41:30	修改 删除
124	yxx8	EE	yxx	裁判	-	89742	2016-12-6 9:41:30	修改 删除
144	gjswc	ZZ	国际商务城	裁判	-	gjswc	2016-12-6 9:41:29	修改 删除
39	yxx3	NN	yxx	裁判	-	34111	2016-12-6 9:41:28	修改 删除
125	yxx6	KR	杨旭鑫	裁判	-	67411	2016-12-6 9:41:24	修改 删除
140	yxx12	-	yxx	裁判	是	121212	2016-12-6 9:39:22	修改 删除
126	lwzg	WB	陈晓燕	裁判	-	cxy	2016-12-6 9:39:14	修改 删除

图3-35　创建账套

特别提示

➢ 账套——分为人人竞赛账套和人机对抗账套两种。

➢ 人人竞赛账套——一个教学竞赛班，可支持2～99队运营，裁判端显示为人人竞赛模式。

➢ 人机对抗账套——一个人机账套支持一人队和多个机器人队对抗，分为练习和挑战两种子模式。

3. 裁判(教师)登录

(1) 登录。运用admin创建的账套号及密码登录，如图3-36所示。

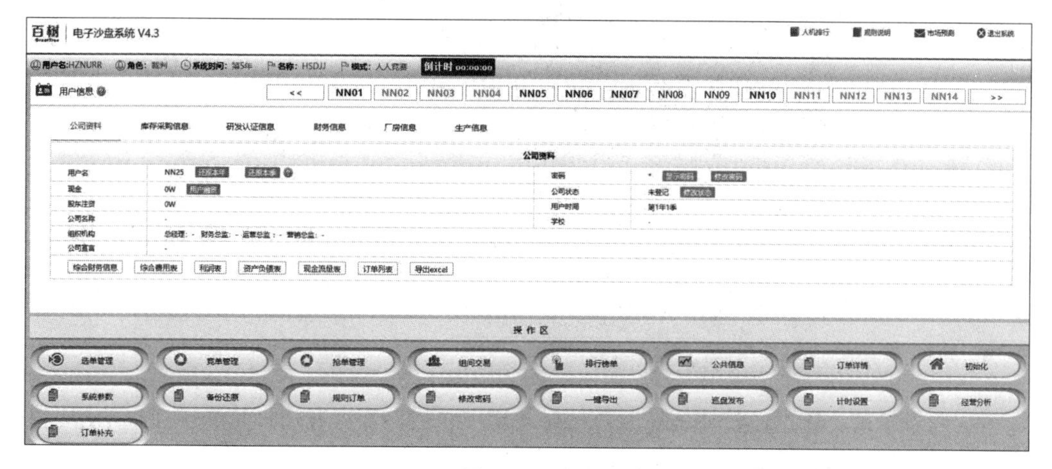

图3-36　登录

(2) 初始化。可以选择“新创业者”和“商战”两个参数版本，并自由选择订单方案和规则方案，如图 3-37 所示。

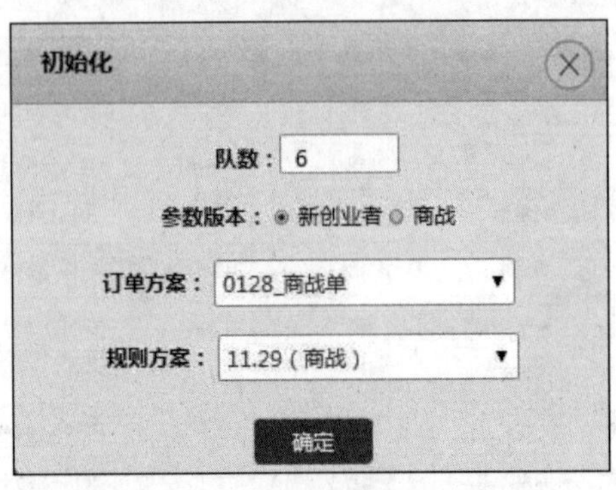

图 3-37　初始化

(3) 设置系统参数。可以根据训练需要，修改经营参数，也可以接受默认值，如图 3-38 所示。

系统参数

参数	值	单位	参数	值	单位
违约金比例	20.00	%	贷款额倍数	3	倍
产品折价率	100.00	%	原料折价率	80.00	%
长贷利率	10.00	%	短贷利率	5.00	%
1，2期贴现率	10.00	%	3，4期贴现率	12.50	%
初始现金	60	W	管理费	1	W
信息费	1	W	所得税率	25.00	%
最大长贷年限	5	年	最小得单广告额	1	W
原料紧急采购倍数	2	倍	产品紧急采购倍数	3	倍
选单时间	50	秒	首位选单补时	25	秒
市场同开数量	2	个	市场老大	◉ 无 ○ 有	
竞单时间	0	秒	竞单同竞数	3	个
最大厂房数量	4 ▼	个	管理费设置	◉ 与厂房数无关 ○ 与厂房数有关	
用户端还原本年	◉ 关 ○ 开		用户端还原本季	◉ 关 ○ 开	

确认　取消

图 3-38　设置系统参数

特别提示

- 经营过程中可以修改系统参数，随时生效(初始资金除外)。
- 必须先初始化，再修改系统参数才有效。
- 执行以上操作时学生端不可进入系统。

(4) 选单管理。管理员等待所有队伍均投放完广告后，即可开启订货会。在选单过程中可以重选选单，也可查看选单进程，如图 3-39 所示。

选单管理

第4年广告投放情况		
用户名	用户时间	投完广告时间
K01	第4年1季	
K03	第4年1季	
K05	第4年1季	
K06	第4年1季	
K07	第4年1季	
K08	第4年1季	
K09	第4年1季	
K10	第4年1季	
K11	第4年1季	
K12	第4年1季	
K13	第4年1季	
K14	第4年1季	2015-12-02 13:12:10
K15	第4年1季	
K16	第4年1季	

选单管理

第6年订货会管理			
合计回合数	18	剩余回合数	16
本年合计订单数	234	本年剩余订单数	234

重新选单　计时开始/暂停

本地			
产品	P1	当前回合	1
总回合数	4	剩余回合数	3
当前选单用户	Z12	剩余选单时间	65 秒
区域			
产品	P1	当前回合	1
总回合数	3	剩余回合数	2
当前选单用户	Z10	剩余选单时间	65 秒
国内			
总回合数	3	当前状态	未开始
亚洲			
总回合数	3	当前状态	未开始
国际			

图 3-39　选单管理

特别提示

- 若有队伍未投放广告，则无法开单。管理员若想强行开启订货会，则需取消未投放广告的队伍的参赛资格，将其状态由“正在经营”改成“破产”即可。
- 可以重选订单，也可以暂停倒计时。

(5) 竞单管理。某些年份选单结束后，会进入竞单管理状态，如图 3-40 所示。

竞单管理

第6年竞单会			
当前回合剩余时间	65 秒	剩余订单数/总订单数	13/16

重新竞单　计时开始/暂停

ID	订单编号	市场	产品	数量	ISO	状态	得单用户
1	841	本地	P1	3	-	正在竞单	
2	842	本地	P1	6	14K	正在竞单	
3	843	区域	P3	4	-	正在竞单	
4	844	区域	P3	2	9K 14K	等待	
5	845	国内	P2	4	14K	等待	
6	846	国内	P4	3	-	等待	
7	847	国内	P5	3	14K	等待	
8	848	亚洲	P1	3	-	等待	
9	850	亚洲	P1	5	-	等待	
10	851	亚洲	P2	3	-	等待	

图 3-40　竞单管理

特别提示

可以重新竞单，也可以暂停倒计时。

(6) 组间交易。各队之间协商一致后，可以到裁判处进行组间交易，如图 3-41 所示。

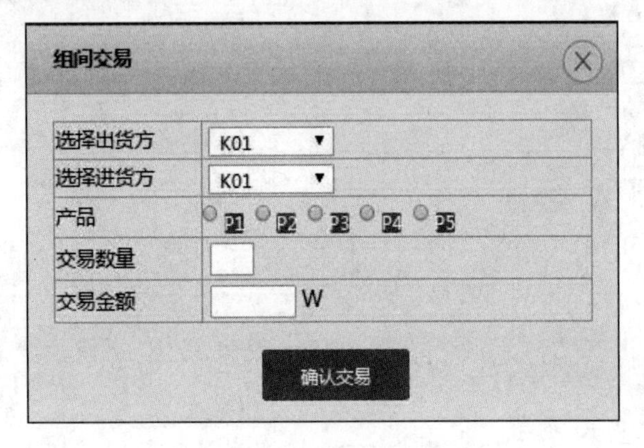

图 3-41　组间交易

特别提示

- 出货方(卖方)账务处理视同销售，入货方视同紧急采购。
- 只允许现金交易，并且只能交易产成品。
- 管理员需要判断双方系统时间是否符合逻辑、是否存在合谋。
- 交易双方必须在同一年进行交易。

(7) 各企业年内经营。可参照前述规则与流程完成 4 个季度的经营。

(8) 还原处理。各队在经营过程中会出现误操作或由于其他原因需要取消当前操作，管理员可以根据实际情况将用户数据还原。单击该用户还原本年，可将用户数据还原至最近一次订货会(或竞单会)结束时状态。

特别提示

- 本年订货会(竞单会)结束至下一年订货会开始之间任一时刻都可以还原某队数据至本年订货会(竞单会)结束时状态。
- 第 1 年还原需要重新登录注册。
- 选单(竞单)时千万不要进行还原操作，否则可能出错。
- 管理员可对还原队伍进行一定惩罚(如扣现金)。

(9) 备份还原。备份还原分为手动备份还原和自动备份还原两种，如图 3-42 所示。

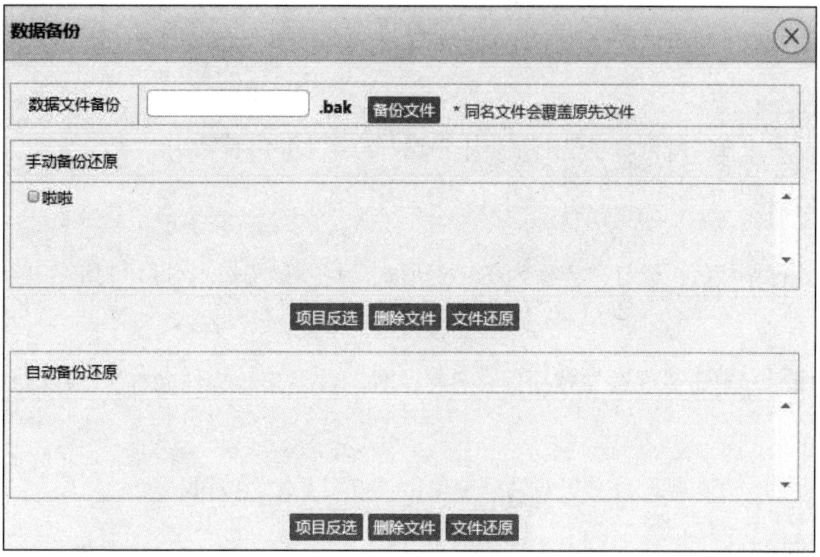

图 3-42　备份还原

另外，为方便管理，还有排行榜单、公共信息、订单信息、规则订单、修改密码、一键导出、巡盘发布、计时设置、当年(季)还原、经营分析等多项功能，在此不一一赘述，请参考详细使用说明(www.135e.com)。

3.4　规则订单制作

通过裁判账号进入系统，进行规则订单制作[①]。单击“规则订单”按钮，系统弹出“规则订单”对话框，如图 3-43 所示。

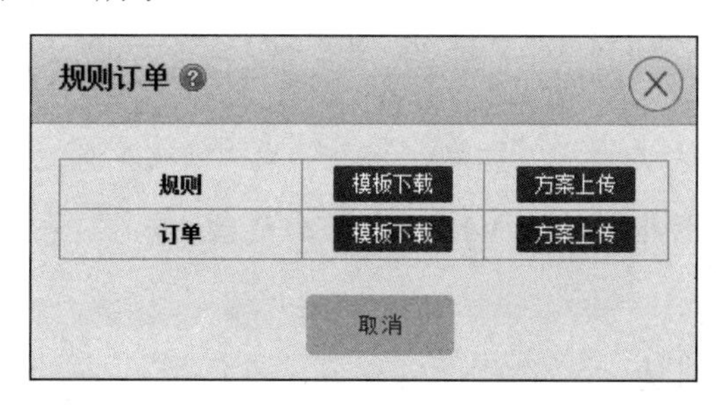

图 3-43　“规则订单”对话框

1. 规则操作

(1) 下载规则模板，该规则模板为 Excel 形式，打开该 Excel，即可修改规则。

① 通过论坛 bbs.135e.com，可以获得更多规则订单及更详细的说明解释。

(2) 修改完成，单击“保存”按钮保存规则文件，注意更改文件名称(必须以创业者或商战开头)。

(3) 保存后，在“规则订单”对话框中单击“方案上传”按钮。

2. 订单操作

(1) 下载订单模板，该订单模板为 Excel 形式，打开该 Excel，即可制定订单(包括选单和竞单)。

(2) 完成后，单击“保存”按钮保存订单文件，注意更改文件名称(必须以创业者或商战开头)。

(3) 保存后，在“规则订单”对话框中单击“方案上传”按钮。

特别提示

- 在 Excel 模板中，销售市场：1 表示本地；2 表示区域；3 表示国内；4 表示亚洲；5 表示国际。
- ISO 要求：0 表示无；1 表示 ISO 9000；2 表示 ISO 14000；3 表示两种资格都要有。
- 第 1 年用 1 代替；第 2 年用 2 代替，以此类推，不限最大年份。
- 不能有中文或符号存在，否则会上传失败(标题项除外)。
- 模板中编号为关键字，不可重复，且选单关键字也不能和竞单关键字重复。

3.5 经营初始状态设置

多年以来，电子沙盘教学以创业模式为主，即学员接手一家只有创业初始资金的企业，第 1 年进行基本建设，市场活动(选单或竞单)一般从第 2 年开始。为适应教学及比赛需要，增加规则空间，最新版本的百树电子沙盘 V4.3 支持二代经营，即学生可以接手经营一家已经经营若干年的企业。

教师(裁判)除按照正常情况设置规则和订单外，还需要设置初始状态，操作如下。

(1) 教师(裁判)按照创业经营模式进行初始化。

(2) 教师(裁判)根据需要完成前期经营，以获得初始状态，经营年限不限，可以是一年，也可以是多年，还可以是某年年中。

(3) 将经营数据备份。

(4) 运用“初态规则导出工具”将备份数据中的规则及初始状态导出为新的 Excel 规则文件，此文件包含了规则和初始状态。

(5) 以新的 Excel 规则文件和订单文件重新进行初始化。

(6) 各队开始二代经营。

下面以具体实例来说明设置方法，以系统自带的创业者规则和订单进行初始化。教师(裁判)用 AA01 账号进行初始化经营(必须使用 01 号，字母前缀无特殊要求)，使初始状态如图 3-44 所示。

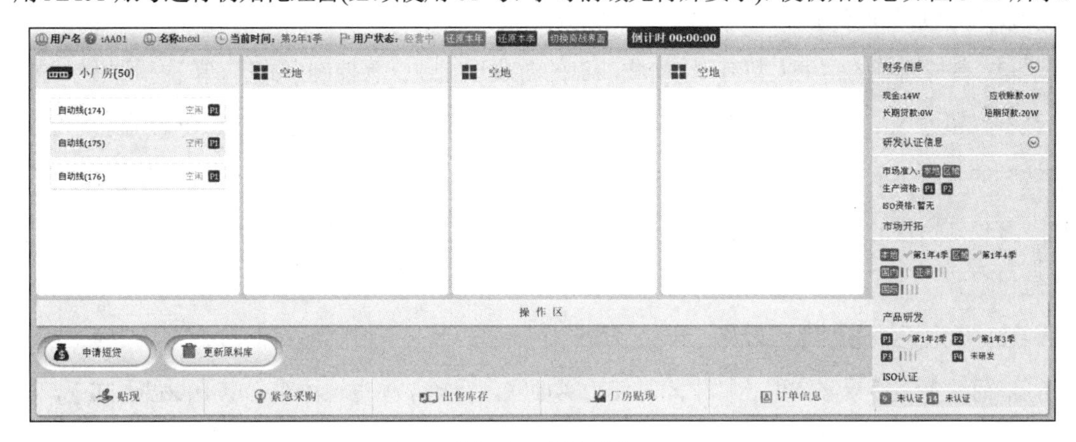

图 3-44　初始状态

在裁判端将该经营数据备份，然后利用“初态规则导出工具”将该备份数据下的初态数据导出，生成规则，生成的规则为 Excel 形式，如图 3-45 所示。

图 3-45　生成 Excel 规则

生成的 Excel 规则与创业模式下的规则相比，多了几张初态表格，然后以这些初态表格为规则，再次进行初始化，使各队的初始状态都如图 3-44 所示。

特别提示

- 可以直接在 Excel 规则表上修改，生成初始状态，但较容易出错，不建议使用。
- 可以用任意经营备份数据导出初始状态，导出队号为 01 的状态。
- 初始状态不支持有订单。
- 此模式下初始资金已经包括在初始状态中，因此在参数中修改初始资金是无效的。
- 含有初始状态的规则文件是通用的，V4.3(含)以上版本软件均支持。

3.6 人机对抗

无论是实物沙盘还是电子沙盘，均存在以下问题。

(1) 组织难度大，工作量大。传统游戏形式或交易控制形式下，都需要摆实物沙盘，集中授课，如果对交易进行严格控制，工作量将成倍增加。电子沙盘相对轻松，但组织一场比赛也需要投入大量时间和精力。

(2) 参与训练的学生人数有限。实物沙盘的游戏形式或交易控制形式下，单次授课(或比赛)人数不宜超过 50，否则将很难管理，效果也将大打折扣。这也是具有多年 ERP 沙盘教学经验的教师的共同感受。虽然电子沙盘大大提高了单次授课人数，但学生初次学习使用电子沙盘，由于其规则执行的严格性，可能会感到茫然无措，效果欠佳，而且教室机房容量有限，人数也不宜过多。

(3) 学生无法进行课后训练。实物沙盘的游戏形式或交易控制形式下，学生需要集中在教室，然而很多院校无法实现让师生随时使用实训室，召集学生也很困难；电子沙盘形式下，虽然可以自主经营，但最多只有一年，之后必须集中选单、竞单。ERP 沙盘模拟选单、竞单需要各企业集中进行，这是沙盘模拟的精髓和亮点，充分体现了对抗性、交互性，但也因此限制了学生进行自我训练和自我学习。

(4) 学生无法进行自我反复训练。实物沙盘的游戏形式和交易控制形式下均不支持学生进行自我反复训练。ERP 沙盘模拟是一种体验式的学习方式，在干中学，在学中干，如果不能进行自我反复训练，其意义必将大打折扣。现有方式即使可以反复训练，也非常有限，必须有教师的配合，势必会增加教师的工作量。

(5) 无法开展大规模教学竞赛。实物沙盘的游戏形式和交易控制形式下，以及电子沙盘形式下均无法开展大规模教学竞赛。有些院校校内赛的报名人数就超过了 400 人，甚至达到了 800 人，传统方式下开展比赛，组织工作量将无法承受，即使勉为其难地举办，赛期也势必拖延。

(6) 规则和知识传授依赖于教师讲授。即使运用 MOOC(massive open online courses，大型开放网络课程)视频等方式，和实际操作还是脱节，学生无法在短期内接受大量规则讲解，真正想做到某一步，还是需要去查询翻阅。如果人数众多，更是无法进行。

人机对抗[①]模式是杭州百树科技有限公司最新研发的一种基于决策云平台、大数据支持的新型人工智能模式，与传统教学模式和教学工具完全兼容，既可以配合使用，也可以独立使用。

① 可以在“www.135e.com”自行下载并使用人机对抗，具体见附录 C。

在该模式下，由教师(裁判)给学员分配账套，学员可以运用所分配的账套进行自我训练。人机对抗模式具有以下特点。

(1) 学员兼具裁判和企业用户两种角色，且和电子沙盘中两种角色的操作界面、流程完全相同，只要完成人机对抗训练，就可以无缝过渡到人人竞赛模式。

(2) 人机对抗分为练习和挑战两种子模式。

(3) 有多种对抗方案可以选择，如入门、中级、高级。该模式还提供模拟主流赛事对抗方案，可以模拟某场比赛的规则、订单及竞争对手数量等(机器人队数、规则、订单均可以自由设定)，便于学员进行自我训练。

(4) 提供决策云支持，机器人队具有自我学习能力，可以自我修正经营决策。每场训练，学员即使面对同一套对抗方案，其经营环境也不同。

(5) 突破时空限制，学生只要能上网，就可以利用业余时间进行自我训练，而且选单、竞单也无须集中进行。

(6) 可以进行反复训练。

(7) 可以在线获得对抗方案，同时提供论坛支持，用于交流对抗策略。

(8) 一套系统中，人人竞赛与人机对抗可以同时运行。

(9) 支持人机对抗账套 Excel 批量导入。

下面详细介绍人机对抗操作。

1. 创建人机对抗账套

系统管理员(admin)可以进入账套列表创建人机对抗账套，如图 3-46 所示。也可以用导入导出功能批量创建账套。

图 3-46　创建人机对抗账套

2. 登录裁判端

登录裁判端(用户名+密码)，其界面与人人竞赛模式下的界面相同。

3. 初始化

人机对抗初始化需选择类型、类别及模式，并选择对应的对抗方案，如图 3-47 所示。类型分为创业者和商战两种，商战一般以 600W 初始资金起步，创业者以 60W 起步，两者的最小得单的广告额、管理费有所不同，流程完全相同。类别有练习、校赛、省赛等。

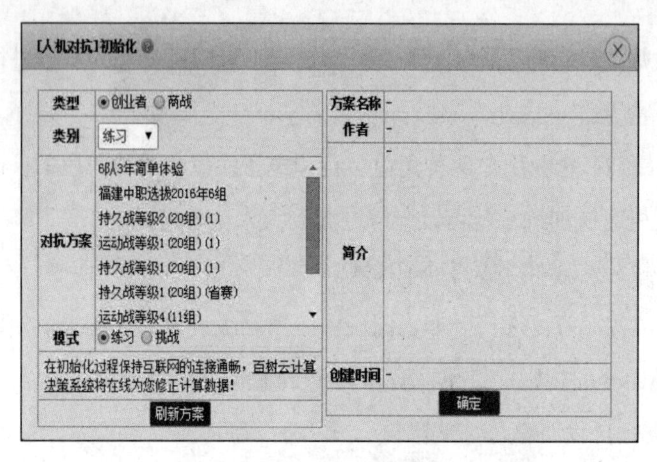

图 3-47　人机对抗初始化

特别提示

➢ 订单、规则、队伍数、参数、经营年限等所有因素共同构成了方案。

➢ 人机对抗分为练习和挑战两种子模式，练习模式下可以进行数据备份、参数修改、还原(当年+当季)、注资等操作，学员可以反复练习，边练习边学习知识库知识，但成绩不可以提交；挑战模式下不可以进行数据备份、参数修改、还原、注资等操作，学员完成一轮经营(一般为 6 年)即可提交成绩。

裁判端用户信息只显示一队，即人队，如图 3-48 所示。

图 3-48　人队

机器人队可以在裁判端排行榜单查询，如图 3-49 所示。

[人机对抗]排行榜单

用户名	用户时间	公司名称	学校名称	得分
NJM01	第1年1季	百树公司	百树大学	65
NJM02	第2年1季	百树科技	人工智能	85
NJM03	第2年1季	百树科技	人工智能	99
NJM04	第2年1季	百树科技	人工智能	93
NJM05	第2年1季	百树科技	人工智能	99
NJM06	第2年1季	百树科技	人工智能	89

图 3-49　人机对抗排行榜单

特别提示

人机对抗是一人队与多个机器人队竞争。

4. 进入学生端

单击“进入学生端”按钮可以随时进入学生端，如图 3-50 所示。同样地，也可以随时进入裁判端。

图 3-50　进入学生端

5. 成绩提交

人机对抗挑战模式下，完成规定年份的经营，系统自动提交成绩。同一方案同一用户可以操作多次，系统只接受最高成绩。

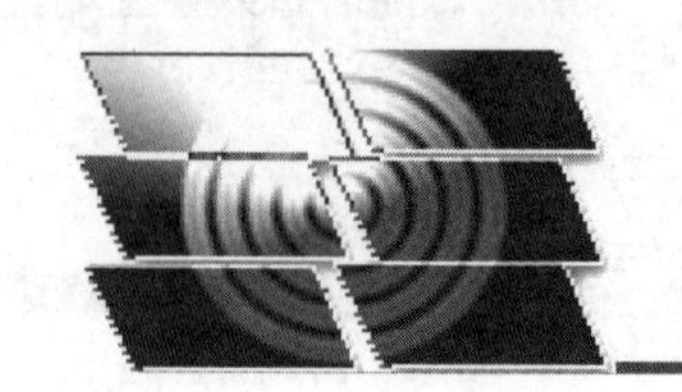

第4章 企业经营

几年的经营过后，也许你懵懵懂懂，跌跌撞撞；也许你已经破产，却不知道原因，虽然能讲出一点道理，但零星散乱；也许你盈利了，但可能很大程度上归于运气。与很多管理者一样，你也不自觉地运用了“哥伦布式”的管理方法：走的时候，不知道去哪儿；到的时候，不知道在哪儿；回来的时候，不知道去过哪儿。

下面就让我们抽丝剥茧，探索企业经营的奥秘吧！

4.1 企业经营本质

企业经营的本质如图4-1所示。

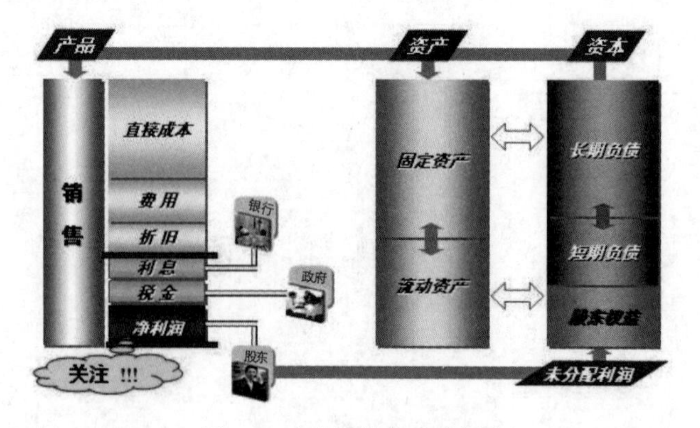

图4-1 企业经营本质示意图

企业是利用一定的经济资源，通过向社会提供产品和服务而获取利润的组织，其目的是股东权益最大化。作为经营者，要牢牢记住这句话，它是一切行动的指南。

企业资本的构成有负债和权益两个来源。负债包括长期负债和短期负债。长期负债一般是指企业从银行获得的长期贷款；短期负债一般是指企业从银行获得的短期贷款。权益：一部分是指企业创建之初所有股东的投资，即股东资本，这个数字是不会变的；还有一部分是未分配利润。

企业筹集资本后，采购厂房和设备、引进生产线、购买原材料、生产加工产品等，余下的资本(资金)，就是企业的流动资金。

可以说，企业的资产就是资本转化过来的，而且是等值地转化。所以资产负债表中，左边与右边一定是相等的。通俗地讲，资产就是企业的“钱”都花在哪儿了，资本就是企业的“钱”都属于谁，两者从价值上讲必然是相等的，因此资产负债表一定是平衡的。

企业在经营中产生的利润当然归股东所有，如果股东不分配，将该利润投入企业下一年的经营，就形成了未分配利润，这便可以自然地将其看成是股东的投资，成为权益的重要组成部分。

企业经营的目的是股东权益最大化，权益的来源只有一个，即净利润。净利润来自何处呢？也只有一个，即销售(但销售不全是利润)。在实现销售之前，必须要采购原材料、支付工人工资，还要支付其他生产加工时产生的费用，才能最终生产出产品，收入中当然要抵扣这些直接成本；还要抵扣企业为形成这些销售支付的各种费用，包括产品研发费用、广告投入费用、市场开拓费用、设备维修费用、管理费等；机器设备在生产运行后会贬值，就好比 10 万元的一辆汽车，驾驶 3 年之后价值在 5 万元左右，资产缩水了，这部分损失应当从销售额中得到补偿，这就是折旧。经过上述三方面的抵扣之后，剩下的部分形成支付利息前利润，归三方所有。一部分归银行，企业资本中有一部分来自银行贷款，企业在很大程度上是靠银行的资金产生利润的，而银行贷款给企业，当然需要收取利息回报，即财务费用；企业的运营，离不开国家的“投入”，如道路、环境、安全投入等，所以一部分归国家，即税收；最后的净利润，归股东所有。

那如何才能增加利润呢？主要有开源和节流两种方法，可以使用其中一种，也可以两者并用，具体措施如图 4-2 所示。

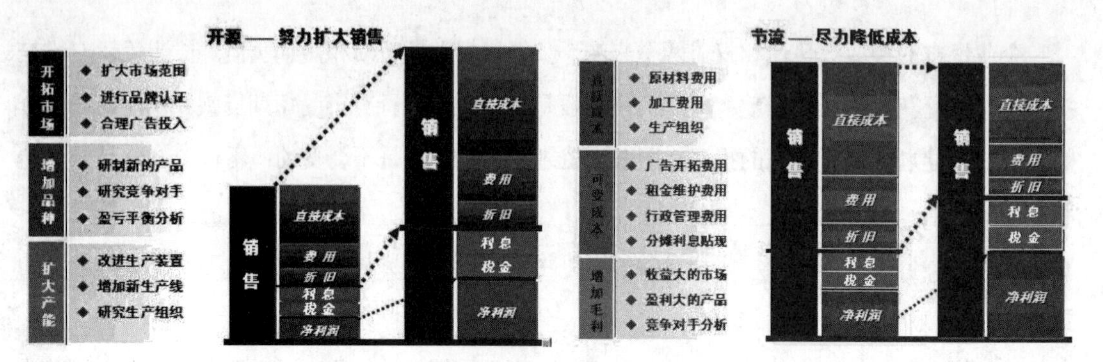

图 4-2 增加企业利润——开源、节流

企业经营的根本是盈利，那如何衡量经营的好坏呢？有两个非常关键的指标：资产收益率(return on assets，ROA)和净资产收益率(return on equity，ROE)。净资产收益率也称为股权收益率。ROA 与 ROE 的计算方式如下。

$$ROA=净利润\div 总资产$$

$$ROE=净利润\div 权益$$

ROA 反映的是企业中一块钱的资产能获利多少，ROA 越高表示企业的经营能力越强。但我们知道企业的资产并不都属于股东，股东最关心的是收益率，ROE 反映的是股东一块钱的投资能收益多少，ROE 当然越高越好。两者之间的关系如下。

$$ROE=\frac{净利润}{权益}=\frac{净利润}{总资产}\times\frac{总资产}{权益}=ROA\times\frac{1}{1-资产负债率}\ (权益乘数)$$

ROA 一定，资产负债率越高，ROE 就越高，这表明企业在“借钱生钱”，即用别人的钱为股东赚钱，这就是财务杠杆效应；资产负债率不变，ROA 越高，ROE 也就越高，这表明企业的经营能力越强，给股东带来的回报就越大，这就是经营杠杆效应。

如果资产负债率过高，企业面临的风险就会很大。也就是说当欠下巨额债务时，主动权不在经营者手里，一旦环境有变数风险就会很大。例如，企业一旦由于贷款到期出现了现金流短缺的情况，就会面临严重的风险。当资产负债率大于 1 时，即资不抵债，理论上讲就是破产了。

表 4-1 列出了三家资产均为 100 的企业盈利能力的比较情况。

表 4-1 三家企业盈利能力的比较情况

企业	总资产	负债	权益	净利	ROA	ROE
A	100	0	100	15	15%	15%
B	100	50	50	15	15%	30%
C	100	90	10	4	4%	40%

A 企业和 B 企业净利相同，但由于 B 企业运用了财务杠杆，净资产收益率提高了；而 C 企业虽然净利最小，只有 4，但由于其负债率高，净资产收益率反而最高，达 40%，当然 C 企业也存在着巨大的风险，面临着巨大的还贷压力，一旦现金断流，就意味着破产。

4.2 企业基本业务流程

企业基本业务流程如图 4-3 所示。

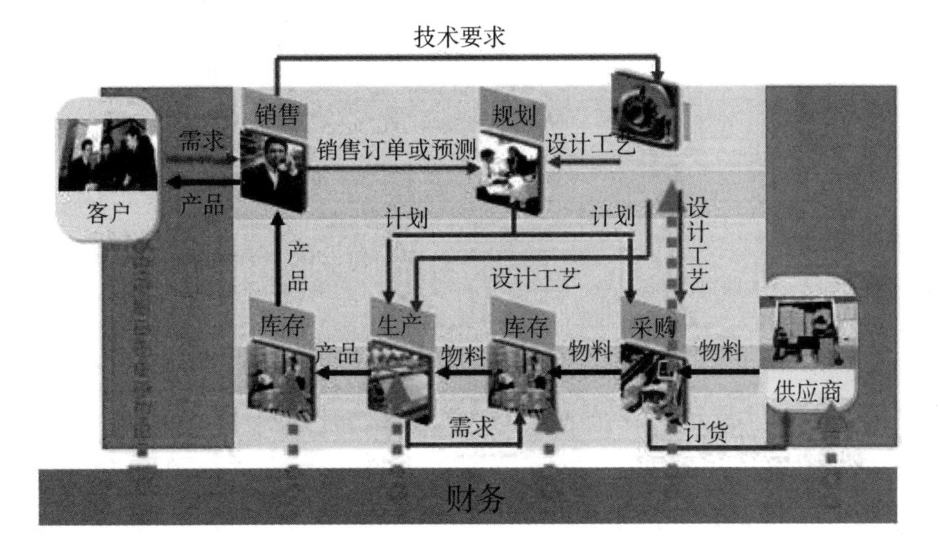

图 4-3 企业基本业务流程

ERP 沙盘是一家典型的制造型企业，采购—生产—销售构成了基本业务流程。整个流程中有如下几个关键问题。

1. 如何确定产能

表 4-2 列出了所有可能的产能状态。根据生产周期及年初在制品状态，结合本企业的生产线及库存情况，我们可以计算出可承诺量(ATP)，这是选单及竞单的基础。值得注意的是，可承诺量(ATP)并不是一个定数，而是一个区间，因为我们可以转产、紧急采购、紧急加建生产线或向其他企业采购。例如，意外丢了某产品订单，可以考虑多拿其他产品订单或转产；又如，某张订单利润特别高，可以考虑通过紧急采购、紧急加建生产线或向其他企业采购产品来满足市场需要。

表 4-2　所有可能的产能状态

生产周期	年初在制品状态	各季度生产进度				产能
		1	2	3	4	
3	○ ○ ○	□	□	□	■	1
	● ○ ○	□	□	■	□	1
	○ ● ○	□	■	□	□	1
	○ ○ ●	■	□	□	■	2
2	○ ○	□	□	■	□	1
	● ○	□	■	□	■	2
	○ ●	■	□	■	□	2
1	○	□	■	■	■	3
	●	■	■	■	■	4

注：实心圆图标表示在制品；实心正方形图标表示产品完工下线，同时开始新的下一批生产。

2. 如何读懂市场预测

市场是企业经营最大的变数，也是企业利润的最终源泉，其重要性不言而喻。

图 4-4 是对国内市场 P 系列产品第 1～6 年的预测，可做如下解读：P1 产品需求量在后两年快速下降，其价格也逐年走低；P2 产品需求量一直较为平稳，前四年价格较稳定，但在后两年也迅速下降；P3 产品需求发展较快，价格逐年走高；P4 产品只在最后两年才有少量的需求，但价格和 P3 相比并没有特别的吸引力。

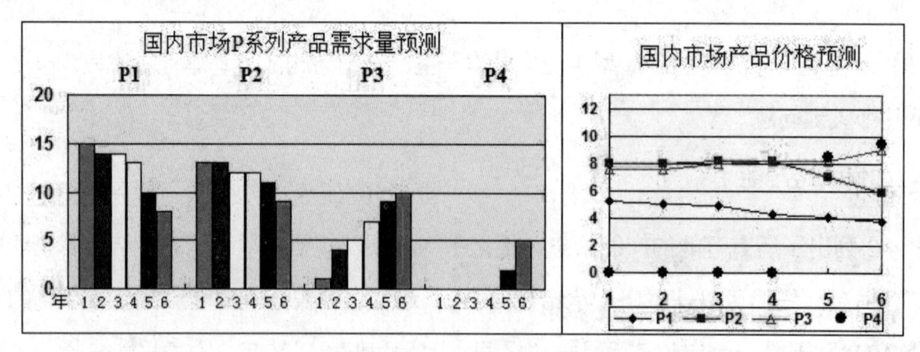

图 4-4　国内市场 P 系列产品第 1～6 年的预测

读懂了市场预测，仅结合产能还不足以制定广告策略，同时还要对竞争对手有正确的评估，“知彼知己，百战不殆”，企业竞争玩的就是“博弈”。有时某个产品价格高，需求也可以，大家就都一头扎进去抢单，其结果是恶性竞争，所以往往看着是“馅饼”，其实可能是“陷阱”。

制定好了广告策略，相应地，销售额、销售量和毛利需要有一个较为明确的目标，最直接的是广告投入产出比，广告投入产出比=订单销售额合计÷总广告投入。根据经验，前两年比值为 5 左右是合理的；第三年后，8～10 是合理的。所以不能一味地抢“市场老大”，狠砸广告，虽然一时爽快，但对企业整体经营是有害的；也不能一味地省广告费，拿不到订单何来利润？

3. 如何进行产品定位

在实际经营中，很多人将经营不善归结为销售订单太少、广告费用太高、贷款能力不够，但这些往往都是表面现象。“产品定位”极易被忽视，很多学生在经营时业绩已经不佳，但仍然按照原来的思路操作，该进入的产品市场不知道及时进入，该放弃的产品也不忍放弃，依旧在麻木地经营，甚至到结束时，仍然不明白“为什么我们没有利润”。

沙盘的精髓在于深刻体验并理解企业运营中“产、供、销、人、财、物”之间的逻辑关系，从而引申到对计划、决策、战略、流程和团队合作等方面知识的认知。若不能透彻地剖析各个产品的定位，衡量每个产品对企业的“贡献”并随时修正经营，无疑将会使企业经营陷入困境。

“波士顿矩阵”如图 4-5 所示。波士顿矩阵分析法是用来进行“产品定位”分析的好方法，该方法主要考察相对市场占有率和市场增长率两个指标。

- 相对市场占有率：即市场份额，在沙盘模拟中，根据笔者的经验，若某业务销售额在所有企业中占 30%，则可以认为是“高”市场份额，反之为“低”市场份额。
- 市场增长率=(本年总销售额－上年总销售额)÷上年总销售额×100%，市场增长率若大于 30%，则属“高”增长率，否则为“低”增长率。

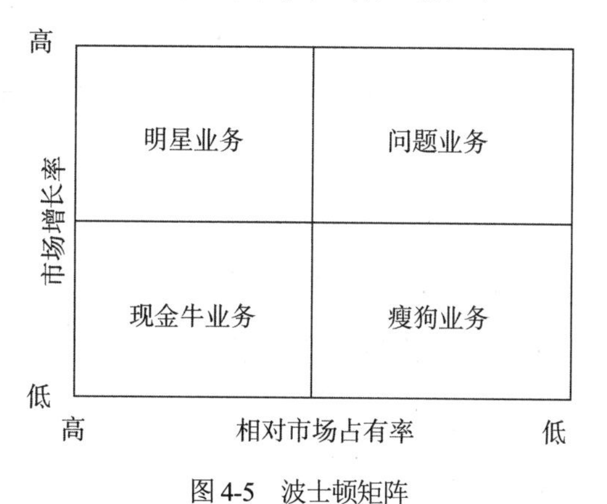

图 4-5　波士顿矩阵

在图 4-5 中，根据以上两个指标，将业务划分为问题业务、明星业务、现金牛业务及瘦狗业务。

1) 问题业务

问题业务市场增长率高、市场份额低，大多是一些投机产品，带有较大的风险。这类产品可能利润率很高，但占有的市场份额很少。问题业务往往是一个公司的新业务，为发展这类业务公司必须建设工厂、增加设备，以便跟上迅速发展的市场，并超过竞争对手，这意味着大量的现金投入。问题业务的“问题”二字非常贴切地描述了这类业务的特点，因此必须慎重回答“是否继续投资发展该业务”这个问题。只有那些符合企业长远发展目标、具有资源优势、能够增强企业核心竞争力的业务才能得到肯定的回答。在沙盘企业经营的后几年中，高端产品 P4 或 P5 基本上属于此类业务，此时面临的问题为是否有足够的资金研发产品、建设生产线。

2) 明星业务

明星业务领域中的产品处于快速增长的市场中，并占有支配地位的市场份额，但是否会产生正现金流量，取决于厂房、设备和产品研发对投资的需要量。明星业务是由问题型业务继续投资发展起来的，可以视为高速成长市场中的领导者，它将成为企业未来的现金牛业务。因为市场还在高速成长，企业必须继续投资，以保持与市场同步增长，并击退竞争对手。企业如果没有明星业务，就失去了希望。

3) 现金牛业务

处在现金牛业务领域中的产品会产生大量现金，但未来的增长前景是有限的。现金牛业务是成熟市场中的领导者，是企业现金的来源。由于市场已经成熟，企业不必大量投资来扩大市场规模，同时作为市场中的领导者，该业务享有规模经济和高边际利润的优势，因而可以给企业带来大量的现金流。企业往往用现金牛业务来支付账款及其他业务需要的现金。低端产品 P1 和 P2 属于此类业务，前几年的市场增长有限，且销售额较高，有较多现金回收，支持其他业务发展。

4) 瘦狗业务

瘦狗业务既不能产生大量的现金，也不需要投入现金，其未来没有发展的希望。通常这类业务是微利甚至亏损的。但可能由于感情的因素，很多学员不忍放弃，或者因为其他业务还没有被开发，所以只能依靠现有的瘦狗业务勉强度日。正确的做法是采用收缩战略，及时转移到更有利的领域。P1 产品往往从第 3 年起转变为瘦狗业务，订单数量与价格均不理想，此时投入大量广告费是得不偿失的，其策略应是以销售库存为主。当然，若是其他业务不足，为避免生产线闲置，也可以考虑生产 P1。

4. 如何确定生产计划和原料订购计划

获取订单后，即可开始编制生产计划和原料订购计划。两者可以同时编制，以生产 P2 为例，其物料清单(BOM)为 R2+R3，其中 R2 订购提前期为 1 个季度，R3 为 2 个季度。

生产计划与原料订购计划表如表 4-3 所示。从该表中可知，若手工线(假设其生产周期为

3)第3季度开始下一批生产，则第2季度订1个R2，第1季度订1个R3；若第6季度(即第2年第2季度)开始新一批生产，则需要在第5季度(即第2年第1季度)订1个R2，第4季度订1个R3。

以此类推，可以根据生产线类型(半自动、自动线假设生产周期分别为2、1)及所生产产品类型计算出何时订购、订购多少。当然实际操作时还要考虑原料库存、转产、停产、加工费、原料到货付款等。原料订购计划制订好后，原料付款计划随即产生。

表4-3　生产计划与原料订购计划表

状态		时间(Q)					
		1	2	3	4	5	6
手工线	产品下线并开始新生产			■			■
	原料订购	R3	R2		R3	R2	
半自动	产品下线并开始新生产		■		■		■
	原料订购	R2	R3	R2	R3	R2	
自动线	产品下线并开始新生产	■	■	■	■	■	■
	原料订购	R2+R3	R2+R3	R2+R3	R2+R3	R2	
合计		2R2+2R3	2R2+2R3	2R2+R3	R2+3R3	3R2	

注：年初生产线有在制品在1Q位置。

4.3　如何管理资金——现金为王

- 看到现金库还有很多资金，就感觉比较放心。
- 还有不少现金，却破产了。
- 能借钱的时候就尽量多借点，以免以后借不到。

在ERP沙盘经营过程中经常会遇到以上几种情况。下面从资金管理的角度一一分析。

库存资金越多越好吗？错！资金如果够用，越少越好。资金从哪来，可能是银行贷款，但是要付利息，短贷利率最低也要5%；也可能是股东投资，但股东是想让经营者拿钱去赚钱，放在企业里闲置是不会“生”新钱的；还可能是销售回款，但放在那里也不会产生额外效益，不如放到银行，还能获得些利息。

还有不少现金，却破产了，这时很多同学会一脸茫然。破产有两种情况：一是权益为负，二是资金断流。此时破产，必是权益为负。权益和资金是两个概念，千万不要混淆，这两者之间有什么关系呢？从短期看，两者是矛盾的，资金越多，需要付出的资金成本也就越多，反而会降低本年权益；从长期看，两者又是统一的，权益高了，就可以从银行借更多的钱，因为银行最大的特点是“嫌贫爱富”。企业经营，特别是初期，在这两者间非常纠结，要想发展，做大做强，必须得借钱、投资，但这时受制于权益，借钱受到极大限制，所以应该如何发展呢？这是企业经营之初的“哥德巴赫猜想”，破解了这个难题，经营也就成功了一大半。

在权益较大的时候多借款，以免明年权益降了借不到。这个观点有一定的道理，但是也不能盲目借款，否则以后一直会背负着沉重的财务费用，甚至赔上本金，这无异于“饮鸩止渴”。

通过以上分析，我们可以看出资金管理对企业经营的重要性。资金是企业的“血液”，断流一天都不可以。我们将可能涉及资金流入或流出的业务汇总，不难发现基本上涵盖了所有业务。如果将明年可能的发生额填入表中，就自然形成了资金预算表，如表 4-4 所示。如果出现断流，必须及时调整，看看哪里会有资金流入，及时补充。

通过表 4-4 我们发现，资金流入项目实在太有限了，其中对权益没有影响的仅有“收到应收款”一项，其他流入项目都对权益有“负面”影响。长短贷、贴现——增加财务费用；出售生产线——损失了部分净值；虽然出售厂房不影响权益，但是购置厂房的时候是一次性付款的，而出售后得到的只能是四期应收款，损失了一年的时间，如果贴现，则也需要付费。

至此，资金预算的意义便显而易见了，首先，可以保证企业正常运作，不发生断流，避免破产出局；其次，合理安排资金，可以降低资金成本，使股东权益最大化。

资金预算和销售计划、开工计划、原料订购计划综合使用，既可以保证各计划正常执行，又可以避免不必要的浪费，如库存积压、生产线停产、盲目超前投资等。而且，当市场形势、竞争格局发生改变时，资金预算可以动态调整、适应需求。可以说资金的合理安排，为其他部门的正常运转提供了强有力的保障。

表 4-4 资金预算表

项目	第 1 季度	第 2 季度	第 3 季度	第 4 季度
期初库存现金				
贴现收入				
支付上年应交税				
市场广告投入				

(续表)

项目	第 1 季度	第 2 季度	第 3 季度	第 4 季度
长贷本息收支				
支付到期短贷本息				
申请短贷				
原料采购支付现金				
厂房租买开支				
生产线(新建、在建、转产、变卖)				
工人工资(下一批生产)				
收到应收款				
产品研发				
支付管理费用及厂房续租				
市场及 ISO 开发(第 4 季度)				
设备维护费用				
违约罚款				
其他				
库存现金余额				

4.4　用数字说话——找出不赚钱的原因

某企业 6 年的综合费用表和利润表如表 4-5 和表 4-6 所示(数据来源于电子沙盘，初始现金为 60W)。

表 4-5　某企业 6 年的综合费用表

项目 (单位：W)	年度					
	第 1 年	第 2 年	第 3 年	第 4 年	第 5 年	第 6 年
管理费	4	4	4	4	4	4
广告费	0	6	9	8	12	14
维修费	0	3	5	5	5	5
损失	0	7	0	0	0	0
转产费	0	0	0	0	0	0

(续表)

项目 (单位：W)	年度					
	第 1 年	第 2 年	第 3 年	第 4 年	第 5 年	第 6 年
厂房租金	5	5	5	5	5	5
新市场开拓	3	1	0	0	0	0
ISO 资格认证	1	1	0	0	0	0
产品研发	4	3	3	0	0	0
信息费	0	0	0	0	0	0
合计	17	30	26	22	26	28

表 4-6　某企业 6 年的利润表

项目 (单位：W)	年度					
	第 1 年	第 2 年	第 3 年	第 4 年	第 5 年	第 6 年
销售收入	0	39	85	113	163	137
直接成本	0	18	33	46	75	67
毛利	0	21	52	67	88	70
综合费用	17	30	26	22	26	28
折旧前利润	−17	−9	26	45	62	42
折旧	0	0	10	16	16	16
支付利息前利润	−17	−9	16	29	46	26
财务费用	0	4	12	17	10	12
税前利润	-17	-13	4	12	36	14
所得税	0	0	0	0	5	3
年度净利润	-17	-13	4	12	31	11

我们发现，该企业除第 5 年以外，其余年份业绩平平，从第 3 年起，销售收入增长较快，但利润增长却很慢。可以说经营得很辛苦，但就是不赚钱。接下来，我们通过分析找出该企业不赚钱的原因。

1. 全成本分析——钱花哪儿了

将该企业各年度成本汇总，1 代表当年的销售额，各方块表示各类成本分摊比例，如图4-6所示。如果当年各方块累加高度大于 1，表示亏损；小于 1 表示盈利。

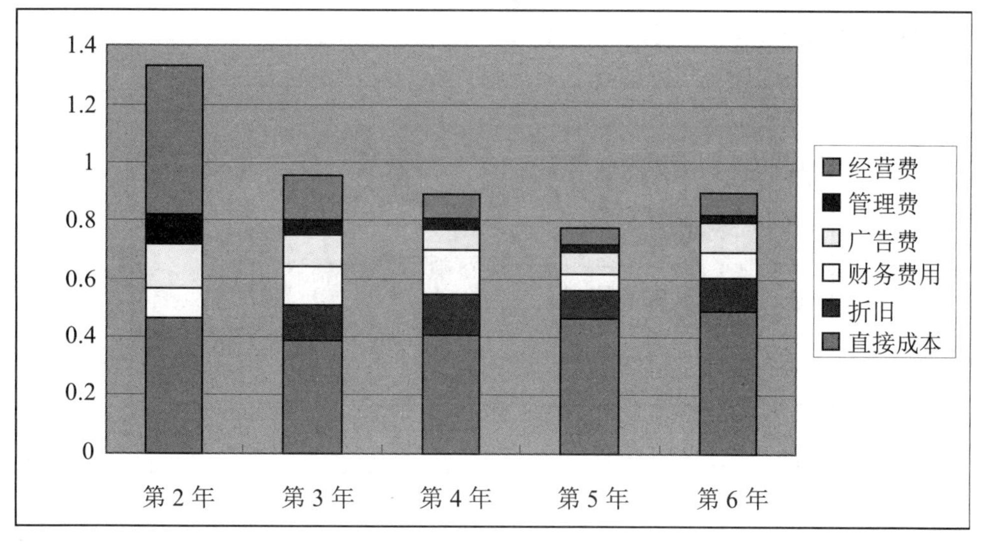

图 4-6 各年度成本汇总

特别提示

- 考虑到第 1 年没有销售，因此从第 2 年起列出数据。
- 经营费＝综合费用＋管理费＋广告费。

第 2 年经营费较高，查找经营记录，发现原来是以高价向其他企业采购了 3 个 P2 产品，从而出现了损失，看来是选单时发生了重大失误，或者是因为生产和销售没有衔接好。直接成本也较高，主要是因为订单的利润不高。

第 3、4 年经营基本正常，也开始略有盈利，企业逐步走上正轨，但是财务费用较高，资金把控能力还不足。

第 5 年利润较好，但直接成本较高，毛利率不理想，看来对市场研究得还不透，订单利润不高。

第 6 年广告费较高，其效果还不如第 5 年，毛利率也不理想。

2. 产品贡献度分析——产什么合算

该企业的产品贡献度如图 4-7 所示。

我们将各类成本按产品分类，这里要注意，经营费、财务费用的分摊比例并不是非常明确，可以根据经验来确定。

我们发现 P2 比 P3 赚钱，是因为 P3 的直接成本高，导致毛利润不理想；同时分摊的折旧比例较高，主要是因为生产 P3 的生产线建成时机不好，选在第 3 年第 4 季度建成，导致无形中多提了一年折旧，当时应该缓建一个季度，节省一年折旧费。

控制成本还有很多方法，详细内容参见第 5 章。

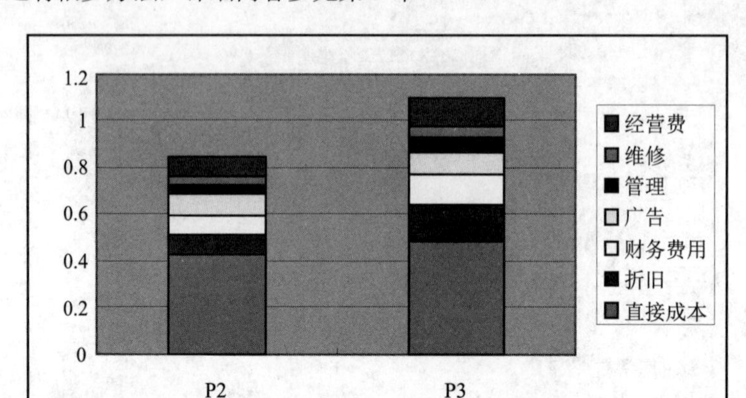

图 4-7 产品贡献度

3. 量本利分析——产多少才赚钱

销售金额和销售数量成正比。企业成本支出分为固定成本(如综合费用、折旧、利息等)和变动成本，固定成本和销售数量无关。变动成本曲线和销售金额曲线的交点即是盈亏平衡点。该企业的量本利模型如图 4-8 所示。我们通过分析得知，该企业盈利不佳，是因为成本过高或产量不足。

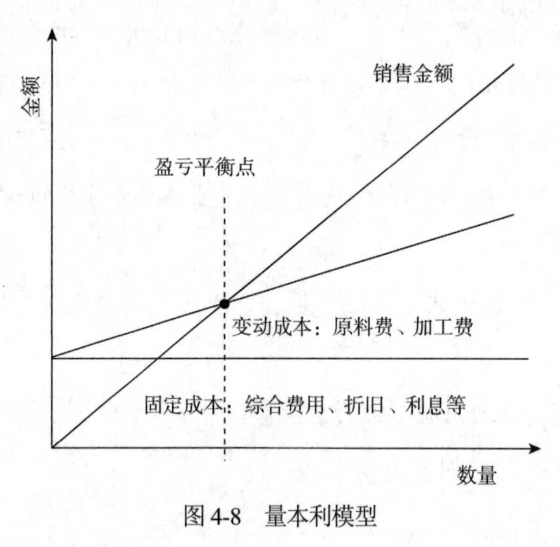

图 4-8 量本利模型

4.5 战略——谋定而后动

以下几种情景是 ERP 沙盘经营过程中经常出现的。

➢ 盲目建了 3 条甚至 4 条自动线或柔性线，建成后发现流动资金不足，只好停产。

- 一时冲动，抢来市场老大，第 2 年拱手相让。
- 在某个市场大笔投入广告，却发现并没有竞争对手，造成极大浪费。
- 开发了产品资格、市场资格，却始终没有用上。
- 还没有考虑好要生产什么产品，就匆匆忙忙采购了一堆原料。
- 销售不错，但利润就是上不去。

很多经营者，一直是糊里糊涂的，这是典型的没有战略的表现。迈克尔•波特认为，战略就是在企业的各项运营活动之间建立的一种配称。企业所拥有的资源是有限的，如何分配这些资源，使企业价值最大，这就是配称。目标和资源之间必须是匹配的，不然目标再远大，实现不了，也只能沦为空想。

在 ERP 沙盘模拟经营过程中，必须在经营之初思考以下几个战略问题。

(1) 企业的经营目标是什么？

(2) 开发什么市场，何时开发？

(3) 开发什么产品，何时开发？

(4) 开发什么 ISO 认证，何时开发？

(5) 建设什么生产线，何时建设？

(6) 融资规划是怎样的？

……

ERP 沙盘模拟经营中实现战略目标最有效的办法是做长期资金规划。在如表 4-4 所示的资金预算表中，预先将 6 年的资金预算一并做出，就形成了资金规划。同时将 6 年的预测财务报表、生产计划、原料订购计划也一并完成，就形成了一套可行的战略。当然仅有一套战略是不够的，需要事先形成数套战略，同时在执行的过程中做动态调整。战略调整思路如图 4-9 所示。

有两点要引起重视：第一，在战略的制定和执行过程中，永远不要忘记关注对手，对手的一举一动都会对本企业的经营产生重要影响；第二，前三年是经营的关键，此时企业资源较少，战略执行必须步步为营，用好每一分钱。前期若是与对手拉开了差距，后期想追赶是很难的。第 1 年浪费 1 万，可能会导致第 6 年权益相差几十万，这就是“蝴蝶效应”。

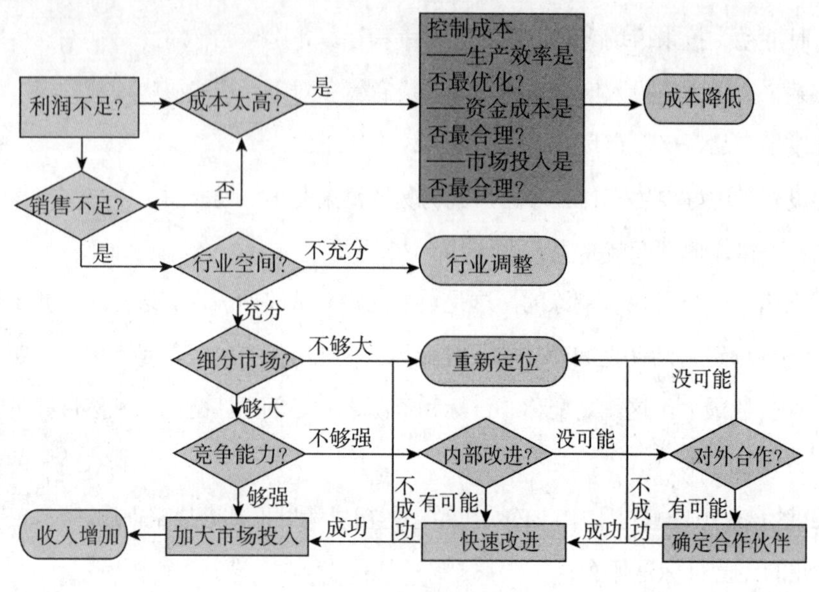

图 4-9　战略调整思路

4.6　财务分析

1. 杜邦分析——找出影响利润的因素

杜邦分析体系是一种比较实用的财务比率分析体系。这种分析最早由美国杜邦公司使用，故因此得名。

杜邦分析法是利用几种主要的财务比率之间的关系来综合地分析企业的财务状况，用来评价企业盈利能力和股东权益回报水平。它的基本思想是将企业的净资产收益率(ROE)逐级分解为多项财务比率的乘积，从而深入地分析企业的经营业绩。

净资产收益率是股东最为关心的指标，通过杜邦分析，可以揭示影响该指标的因素。为了找出销售利润率及总资产周转率水平高低的原因，可将其分解为与财务报表有关的项目，从而进一步发现问题产生的原因。杜邦分析图如图 4-10 所示，从图中可以直观地发现哪些项目影响了销售利润率和资产周转率。

其中：

平均总资产＝(期初总资产＋期末总资产)/2

总资产＝平均流动资产＋平均固定资产

平均固定资产＝(期初固定资产＋期末固定资产)/2

平均流动资产＝(期初流动资产＋期末流动资产)/2

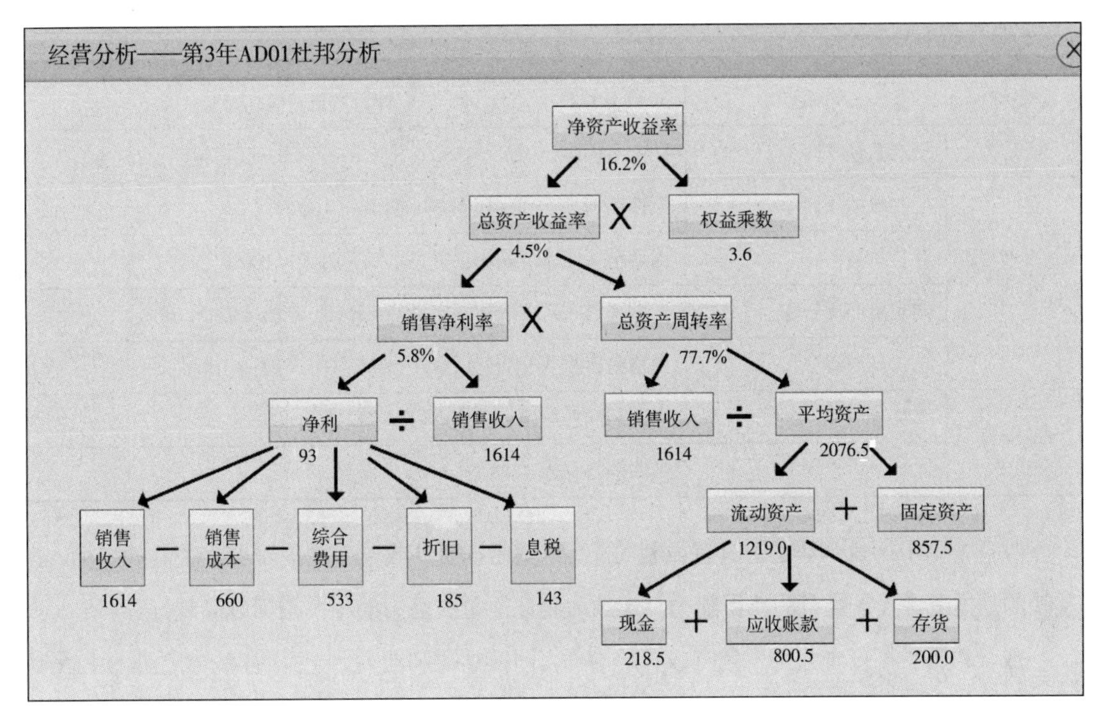

图 4-10　杜邦分析图

2. 经营能力指标分析

经营能力指标分析包括收益力、成长力、安定力、活动力、生产力五力分析，如表 4-7 所示。

表 4-7　五力分析

名称	指标	计算方法
收益力	毛利率	(销售收入−直接成本)/销售收入×100%
	利润率	净利润/销售收入×100%
	总资产净利率	净利润/[(期初总资产+期末总资产)/2]×100%
	净资产收益率	净利润/[(期初所有者权益+期末所有者权益)/2]×100%
	总资产收益率	息税前利润/总资产×100%
	销售利润率	息税前利润/销售收入×100%
成长力	收入成长率	(本期销售收入−上期销售收入)/上期销售收入×100%
	利润成长率	(本期净利润−上期净利润)/上期净利润×100%
	净资产成长率	(本期期末净资产−上期期末净资产)/上期期末净资产×100%
安定力	流动比率	期末流动资产/期末流动负债×100%
	速动比率	(期末流动资产−期末存货)/期末流动负债×100%
	固定资产长期适配率	期末固定资产/(期末长期负债+期末所有者权益)×100%

(续表)

名称	指标	计算方法
安定力	资产负债率	期末负债/期末资产×100%
活动力	应收账款周转率	当期销售净额/当期平均应收账款×100%
	存货周转率	当期销售成本/[(期初存货+期末存货)/2]×100%
	固定资产周转率	当期销售收入/[(期初固定资产+期末固定资产)/2]×100%
	总资产周转率	当期销售收入/[(期初总资产+期末总资产)/2]×100%
生产力	人均利润	当期利润总额/当期平均职工人数
	人均销售收入	当期销售收入/当期平均销售人员数

收益力用于衡量企业是否具有盈利的能力，其中净资产收益率是投资者最关心的指标，其反映的是投资者投入资金的获得能力。一般而言，衡量收益力的相关指标越高越好。

成长力用于衡量企业是否具有成长的潜力，即持续盈利能力。一般而言，相关指标也是越高越好。

安定力是衡量企业财务状况是否稳定，会不会发生财务危机的指标。若流动比率大于2，速动比率大于 1，则认为企业短期偿债能力较好。固定资产长期适配率应该小于 1，因为固定资产的购建应该使用还债压力较小的长期贷款和股东权益，原因是固定资产建设周期长，回报周期更长，可能需要若干年。如果用短贷购建，会由于短期内不能实现产品销售回笼现金，造成还款压力。资产负债率越高，企业面临的财务风险越大，获利能力也越强，60%～70%较为合理。

活动力是从企业资产的管理能力方面对企业经营业绩做出评价。各项周转率越高，说明企业周转速度越快，获利能力越强。

生产力是衡量人力资源产出能力的指标。

4.7 岗位评价

目前的沙盘比赛都是对企业的整体经营业绩进行积分评价。通过该评价可以知道整个小组的经营业绩，但如何评价小组成员，特别是如何与其他小组相应的成员进行比较是一个难题。有时我们发现有些小组中会有一两个“超人”，他们可以使企业业绩有所提高，而其余成员仅仅是扮演“打酱油”的角色。同样地，一个小组业绩不佳，也并非说明每个成员能力都不行。

因此以企业成绩来简单评价成员是不够全面的，说服力不足。

沙盘模拟非常讲究团队合作，但也应尽可能地量化各岗位的绩效，透彻剖析各岗位的经营得失，并指出改进方向，这对学生能力的提高是大有帮助的。

岗位评价需要注意以下几个问题。

首先，评价指标按职责分类。企业经营是一个整体，要想绝对地、没有关联地区分每个岗位的贡献与过失是不可能的。例如，投入的广告费过多，其责任是归于“营销总监”没有成本意识，还是归于“财务总监”没有做好费用预算呢？对此只能硬性地规定：属于哪个部门的职责，客观上就由哪个部门的总监负责，如控制广告费投入属于营销部门的职责，由营销总监负责。而其他影响，划为“团队合作”问题，由总裁CEO负责。

其次，用于计算指标的“原始数据”应取自各组的实际经营。这样相对来说比较客观，不易引起争议。有些指标容易计算，而有些指标需要用原始数据进行数据挖掘。

最后，指标的评判需要借助历史经验、数据，无法做到完全客观、量化。

1. 评价营销总监

(1) 成本控制因素：成本控制因素可通过两个指标来衡量，一是广告费用占销售额的比率；二是所接订单直接成本占销售额的比率，这两个指标越小说明广告效率越高，代表营销总监的工作完成得越出色。

(2) 现金流配合意识：通过应收款比率与销售收益率来衡量。应收款比率指应收款在流动资产中所占的比率，比率越大，意味着资金风险越大，说明在选择订单时账期考虑不周；销售收益率指当年销售额转化为现金的比率，转化率越高，说明订单选择越优。

(3) 市场份额：各组销售所占市场份额比率可以反映市场开拓、ISO认证的意识和效果。产能、研发、现金流控制等因素则归于“团队合作”评价。

(4) 客户满意度：客户满意度可以用“当年未交货订单”的金额或数量进行评价。产能、生产计划、采购计划、研发等影响因素则归于“团队合作”评价。

(5) 市场定位准确性：可以根据各队在各个市场中的份额排名情况来判定，若在某个市场中的份额排名越靠前，则认为其定位准确性越高。

2. 评价财务总监

(1) 财务成本控制：该因素主要涉及长短贷利息、应收款贴息等。财务成本高就说明该财务总监的融资意识、现金流控制意识比较差。

(2) 现金流控制：该因素主要用安定力的各项指标来衡量(如速动比率等)，用于体现财务总监的现金流控制意识。

(3) 财务杠杆意识：该因素主要考察财务总监能否正确运用贷款来提高股东回报率。

(4) 费用控制意识：主要体现在各项费用的投资回报率上。当然，该指标与其他岗位因素有密切关系，可将其归于“团队合作”评价。

3. 评价生产总监

(1) 产能计算意识：这是生产总监的基本职能，通过判断生产总监能否在运营过程中进行正确的产能计算，进而判定其管理意识是否清晰。

(2) 产品库存控制：若累计库存过大，则势必导致资金占用不合理、采购计划不精准、资金周转率不高等。

(3) 费用控制：该因素主要体现在研发投资回报、生产线建设投资回收期、厂房租金成本、生产线转产成本等方面。

4. 评价采购总监

(1) 原料计算的准确性：这是采购总监的基本职能，通过判断采购总监能否在运营过程中进行正确的产能计算，进而判定其管理意识是否清晰。

(2) 原料库存的控制：即判断采购总购能否控制原料库存，既要保证企业正常生产、转产等需要，又不产生积压。

5. 评价总裁 CEO

CEO 应当对整体经营负责，对 CEO 进行评价应考虑以下多方面因素。

(1) 股东满意度：最后各小组可以根据公式“总成绩＝所有者权益×(1＋企业综合发展潜力/100)-罚分”计算分数，该分数是衡量股东满意度的最终指标，且是核心指标。

(2) 总成本控制：所有费用的成本分摊累计可以作为评价 CEO 的一个因素。尽管费用成本与各个岗位职责相关，但最终决策是要得到 CEO 认同，因此 CEO 必定对最终总成本负责。

(3) 团队合作：可以将各小组内表现最差的岗位与最佳岗位之间的落差作为评价指标。CEO 的责任之一就是使团队不断精进，使小组内的“短板”得到提高，以此来提高整个团队的业绩。

(4) 企业成长：资产规模的增长情况可以说明企业成长的好坏。

(5) 市场战略：市场战略方向是否合理，可以通过市场份额来评判。

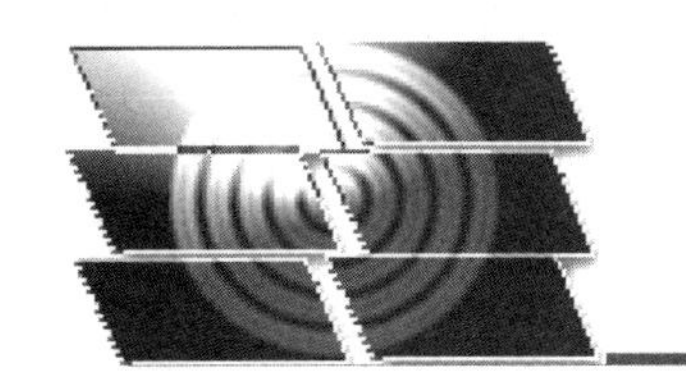

第5章 实战篇

5.1 沙盘竞赛战术经验

1. 新年度规划会议(战略选择)

新年度规划会议，在经营流程表中只占一格，没有资金的流动，也无须进行任何操作，因此很多初学者往往会忽视它。但恰恰相反，一支真正成熟、有竞争力、有水平的队伍，往往会用四分之三以上的比赛时间来进行年度规划。那么到底什么是年度规划？要做什么？怎么做？

年度规划会议是一个队伍的战略规划会、全面预算会和决策会。学员可以对照经营流程表将企业要做的决策都模拟一遍，从而达到“先胜而后求战”的效果。

如何进行有效的规划？总的来说就是根据经营流程表将经营步骤全部模拟一遍。在这一过程中会涉及很多技巧，也会有一些通用的规律，正如老子说的“道”，掌握了“道”，自然会演化出各种各样的“术”——技巧。

除了分析和总结外，更重要的是需要自己不断地实践和总结。

1) 凡事预则立，不预则废

没有好的计划，没有“走一步看三步”的眼光，就只能运用“哥伦布式”的管理方法——到哪里？不知道！在哪里？不知道！去过哪里？不知道！运用这种“脚踩西瓜皮”式的决策方式，很难在比赛中获得好成绩。

2) 用数据说话

在沙盘经营中，最重要的原则就是凡事都要经过数据检验，特别是制定关键战略时，要经过严谨周密的计算，通过翔实可靠的数据来支持决策。否则只能沦为“四拍”式管理——拍脑袋决策、拍胸部保证、拍大腿后悔、拍屁股走人。

3) 知彼知己，百战不殆

“知彼知己，百战不殆”是《孙子兵法·谋攻篇》中的重要思想，同样适用于沙盘模拟。在比赛中，裁判会设置一个巡盘(搜集商业情报)环节，其目的就是让大家做到知彼知己。竞争对手的市场开拓、产品选择、产能大小、现金多少等都是必须关注的。简单来说，了解竞争对手的企业要像了解自己的企业一样，只有这样，才能准确地推断出对手的战略意图，从而采取相应的策略进行有效的攻击。

4) 细节决定成败

细节往往决定着一家企业的成败。例如，海尔集团对细节孜孜不倦的追求，使其由一个濒临破产的企业成长为中国标志性的跨国企业。同样地，在沙盘经营中，我们也必须从细节入手。

无论是在上课时，还是在比赛中，常会听到有人抱怨：一不留神点错了一步操作；就是因为着急算错了一个数；一不小心忘记了某步操作。很多人觉得这些“失误”都是微乎其微的，不是真正实力的体现，即使错了，也无关大局，下次注意改正就好了。

其实不然，关注细节是一种习惯，要从平时的点滴小事中慢慢积累、培养。很多时候我们会说运气不好，因为某个错误导致失败太可惜了。但究其根本，都是因为没有把控好细节，才出现了“致命”的失误，最终致使满盘皆输。

一个好的财务(计算)可以保证企业不死，一个好的市场(博弈)可以让企业壮大，但在两者条件差不多的情况下，不犯错或少犯错的队伍就可以获得冠军。高水平的巅峰对决，比的就是对细节的把控。

5) 因势利导，随机应变

在比赛过程中，无论前期做了多么充分的预算和规划，可能还是会随时发生意想不到的情况。例如，没有注意交货期而选错订单、由于网络问题无法选单等。这些突发状况都是事先无法预测的，而且当下又无法回避。一旦发生，有的队伍就自乱阵脚，手足无措；有的队伍则垂头丧气，放弃比赛。而一支真正成熟的队伍，应做到“泰山崩于前而色不变”，同时能够因势利导，随机应变，如此方能在瞬息万变的形势下转危为安，进而取胜。

2. 广告投放

1) 该不该抢“市场老大”

某论坛曾做过一个调查：第 1 年你愿意花多少广告费抢市场老大？结果是选择 80W～90W

广告费的占 9.09%；选择 100W～120W 广告费的占 59.09%；选择 130W～150W 广告费的占 27.27%；选择 160W～180W 广告费的占 4.55%。由此可见，大家普遍愿意花 100W～150W 广告费抢市场老大。这难道是巧合吗？其实仔细一算就能明白花多大代价抢市场老大划算。

首先，将“市场老大”所带来的时间持续优势做一个假设。做沙盘的人都知道，随着市场的逐渐开拓和产品种类的不断丰富，产品需求量在后两年会大幅增加，因此市场老大的真正价值也就体现在前四年的市场选单。由此可以认为，“市场老大”效应会延续到第 4 年，意味着如果第 1 年投 110W 广告费抢市场老大，之后三年每年投 20W 在该市场拿两种产品的订单，则可以认为 3 年来在该市场共投入了 150W(假设不抢老大，第 1 年也需要投 20W 广告费，所以剩余 90W 可算到后三年)广告费，平均每年在该市场投 50W 广告费。如果将这 50W 广告费分散投放在不同的产品市场，获得的订单是否会优于抢市场老大的情况？实践证明，在大家产能都比较少、市场竞争不激烈的情况下，投入 50W 的广告费完全可以很顺利地将产品卖完，这时如果不经过周密的计算，投入大笔的广告费去抢市场老大，显然是得不偿失的；相反，在大家产能都很高、竞争非常激烈的情况下，市场老大的优势就会体现出来。

另外，规则写道：市场老大是指该市场上一年度所有产品总销售额最多的队，其有优先选单的权利，在没有市场老大的情况下，根据广告费的多少来决定选单次序。于是很多人就很难走出一个误区，即以为市场老大就是比谁的广告费多。其实不然，“市场老大”最终比较的是该市场的总销售额，而非一个产品单一的销售量。例如，甲公司只有 P1 产品，而另外一家乙公司拥有 P1 和 P2 两种产品，那么在选单过程中，即使最大的 P1 订单被甲公司抢到了，但是只要乙公司 P1 和 P2 两种产品的市场销售总额大于甲公司，则无论甲公司投多少广告费，市场老大仍不归甲公司。这就要求我们在抢市场老大时，不要只想着靠“蛮力”猛投广告费，更多的是要考虑利用“巧劲”，靠合理的产品组合智取“市场老大”。

市场老大是把双刃剑，用好了，威力无穷；用得不好，可能“赔了夫人又折兵”。因此，到底要不要抢市场老大，以多少广告费抢市场老大，以什么样的产品组合抢市场老大，都需要经过周密的计算，然后再做博弈。

2) 该投多少广告费

广告费怎么投？该投多少？这往往是初学者都会遇到的问题，很多人希望得到一个通用的公式。比赛中，真正的较量在于选单，而产品和市场的选择都集中反映在广告投放策略上。兵无常势，水无常形，不同的市场、不同的规则、不同的竞争对手都可能影响广告投放的策略。因此要想找一个通用的公式，以此做到准确无误地投放广告是不可能的。那是不是就没有任何规律可循呢？当然不是，很多优秀的营销总监都有一套广告投放的技巧和策略，下面我们一起来探讨。

通常拿到市场预测表后，首先要做的就是将图表信息转换成易于读识的数据表，如表 5-1 所示。通过转换，可以清晰地看到各产品、各市场的需求和毛利；可以弄清不同时期市场的“金牛”产品；更重要的是，通过比较市场总需求与不同时期全部队伍的产能，可以判断该产品是“供大于求”还是“供不应求”；还可以用总需求量除以参赛队数，从而得到平均需求。如果打算出售的产品数量大于平均值，则意味着需要投入更多的广告费用去抢别人手里的市场份额；反之可以少投广告费。

表 5-1 某年份各产品单价、数量、毛利

产品	项目	本地	区域	国内	亚洲	国际	合计	平均
P1	单价	60	60	62.8	60	59		
	数量	87	62	59	59	79	346	13.31
	毛利	40	40	42.8	40	39		
	总毛利	3 480	2 480	2 525.2	2 360	3 081	13 926.2	535.62
P2	单价	67.4	66.8	65.2	67.1	72.7		
	数量	57	50	48	45	48	248	9.54
	毛利	37.4	36.8	35.2	37.1	42.7		
	总毛利	2 131.8	1 840	1 689.6	1 669.5	2 049.6	9 380.5	360.79
P3	单价	83.9	77.7	78.4	79.2	82.5		
	数量	60	45	47	40	40	232	8.92
	毛利	43.9	37.7	38.4	39.2	42.5		
	总毛利	2 634	1 696.5	1 804.8	1 568	1 700	9 403.3	361.67
P4	单价	93.5	97.2	91.4	96.2			
	数量	23	30	33	43		129	4.96
	毛利	43.5	47.2	41.4	46.2			
	总毛利	1 000.5	1 416	1 366.2	1 986.6		5 769.3	221.90

注：P1、P2、P3、P4 各产品直接成本分别为 20W、30W、40W、50W，共计 26 支队伍。

不仅要根据需求量进行分析，还要考虑整体的广告方案，充分理解并利用规则：若在同一产品上有多家企业的广告投入相同，则按该市场上全部产品的广告投入之和决定选单顺序；若市场的广告投入量也相同，则按上一年该市场的销售额排名决定选单顺序。若某一市场整体广告费较高，或前一年销售额相对较高，则可以适当优化部分产品的广告费用，从而达到整体最优的效果。

3. 参加选单会

在选单之前，我们通常会先计算好自己的产能，详细计算出每个季度可以产多少产品、有多少产品可以通过转产来实现灵活调整等。在对自己的产能情况了如指掌后，通过分析市场预测，大概确定在某个市场出售多少产品，同时确定相应的广告费。

当所有组的广告都投放完之后，裁判通常会将所有的广告情况下发，此时我们可以快速分析出自己在各个市场选单的次序，同时对比原来设计的产品投放安排，做出相应调整，保证销售顺利实现。

我们经常会遇到一个问题：需求量大的单子往往单价比较低且利润比较薄，接了这样的单子有些不甘心；单价高、利润大的单子，往往数量小，接了这样的单子又怕不能把产品卖完，造成库存积压。选数量大的单子还是选单价高的单子呢？这应该根据赛场情况灵活应对。

初期，大家的产能远大于市场需求，考虑发展的需要，此时建议以尽可能多地销售产品为目标；后期，由于市场和产品的多样化，以及部分企业的破产倒闭，市场竞争反而宽松，在这样的情况下，只要投入最小得单广告额就有可能“捡到”一次选单机会，这时“卖完”已经不是企业最重要的任务，而是要考虑“卖好”。特别是大赛，到了后期，强队之间的权益可能只相差几十万甚至几万，产能都达到了上限，此时如果可以合理地精选单价高的订单，就可以获得几十万甚至上百万的毛利优势。

最后分享一下订单分解的经验(仅适用于标准订单，比赛时还要根据具体情况进行调整)：通常，订单需求量最大数=该市场该产品总需求量÷(参赛组数÷2)。若大于4则向下取整；若小于4则向上取整。第二大单的数量受第一大单影响，若第一大单大于4则减2；若第一大单小于4则减1。

4. 参加竞单会

1) 竞单规则说明

竞单打破了原先订单总价、交货期、账期都事先规定好的限制，通过“暗标”的方式来获取市场订单。本教程第3章有详细阐述，在此不再赘述，但有几个问题需要说明。

(1) 竞单时要对竞得单张数进行限制，防止恶意串谋。例如，2010年的浙江省比赛，某独立学院在自身出线无望的情况下，为了支持本部，在最后一年让其本部院校在选单市场中“吃饱”，以销售掉所有产品。因此在竞单环节中，该独立学院所有订单都以最低价拿到，导致多所院校最后一年库存积压。最后，该独立学院破产，本部院校成功晋级。

(2) 竞单时不允许紧急采购，也不允许搜集商业情报，防止某些参赛队蓄意破坏或串谋，以恶意低价竞得订单，然后通过紧急采购或有偿搜集商业情报将现金减少，导致其竞得订单作废。这样，一则可能蓄意搅乱市场，二则可能会对某些对手进行“陷害”，从而达到支持第三方的目的。

我们以 2011 年江西省赛的例子来说明，当时还没有制定此规则，赛场上出现了极具戏剧性的变化。第 5 年经营结束时，江西财经大学产能并不是太理想，在正常情况下，极有可能排在本科组第 3 名，但国赛出线只有两个名额。最后一年该队沉着冷静，仔细分析，制定了一套神奇的策略，击败了华东交通大学，使自己成功晋级。

该队分析出华东交通大学主要是以生产 P4 产品为主，并且在选单市场中并未“吃饱”，显然准备在竞单市场中大显身手。江西财经大学的选手暗自庆幸机会来了，他们在竞单市场中均以最低价全部竞得 P4 产品。比赛中，其他队员看到江西财经大学的出价，一片哗然。“已经大大超出了产能啊，难道准备违约？这不是自找破产吗?”“就算交货了，也没有一点利润啊！损人不利己！”但最终结果出来，大家都疑惑不解——江西财经大学成功晋级。原来，该校在竞得 P4 产品后，马上进行有偿搜集商业情报操作，使自己的现金迅速减少，总共损失了 13W(60W 为初始资金)，系统在派发竞单时，由于现金不够标书费，其竞到的 P4 订单均作废。最后华东交通大学损失惨重，由稳居第二变成屈居第三，痛失参加全国比赛的机会。

2) 竞单风险分析

竞单规则中，由于每种产品都可以卖出直接成本 3 倍的价格，因此巨大的利润对每支参赛队来说都是一种无法抗拒的诱惑，甚至可能出现极端情况，即将所有销售全部押在竞单市场上。但是竞单市场的数量有限，必然有小组因为无法拿到足够的订单而导致大量库存积压，也会因为竞争太激烈而大打价格战，出现大幅降价倾销的情况，这些不确定性都大大增加了竞单市场的风险。

既然风险这么高，那是不是最好就不竞单了，只要在选单市场稳稳地接单销售，保持稳定增长就可以了呢？如果采取保守策略，风险当然可以有效规避，但很有可能眼睁睁看着别人胜出。以 P2 产品为例，假设你与另一组参赛者同为 P2 产品的专业户，但第 4 年结束时权益略高于对手 50W～100W。纵观大部分市场预测，P2 后期在各个市场中的毛利极低，平均为 30W～35W，而在竞单中，其最大毛利可以达到令人垂涎的 60W。假设你选择全部在选单市场上销售，而对方选择在竞单市场上销售，那么只要能成功地在竞单市场上以最高限价卖出 3 个或 4 个 P2 产品，毛利就会比选单市场多 80W～100W，实现权益反超。事实上大家仔细看湖南科技大学第四届国赛数据就会发现，其正是充分利用了第 5 年和第 6 年的竞单市场，才使最后两年的权益有了质的飞越，最终成功问鼎。

根据比赛经验，竞单信息会提前一年下发给各组，之所以如此，就是为了给各组充足的时间考虑。竞单会在选单以后举行，这就意味着一旦没有通过竞单销售完产品，将没有其他途径获得订单，那么只能造成产品库存积压。这就需要提前设计好竞单产品的品种、数量、价格、交货期及账期等。尤其在分配竞单会和选单会比例上非常关键，留下来参与竞单的产品数量越小，其风险就越小，但相对来说收益也可能越小；反之亦然。

竞单环节的引入，大大提高了比赛的博弈性，在做好周密计划的基础上，充分理解规则、因势利导、运筹帷幄，才能达到出其不意的效果。例如，通过技巧性的违约和紧急采购，可以相对平衡风险和利润，达到灵活多变的效果，最终获取更高的利润。

3) 交货期、应收账期与总价关系分析

在竞单中，有3个变量是需要我们手工填写的——总价、交货期、应收账期。根据公式“得分=100+(5−交货期)×2+应收账期−8×总价÷(该产品直接成本×数量)”或“得分=100+(5−交货期)×2+应收账期−8×单价÷该产品直接成本”计算得分，得分最高者取得订单，如果分数相同，则先提交者中标。通过公式可以看出，如果总价很低、账期很长、交货期很短，得分虽然高，但是收益相对来说就非常低；相反，如果总价很高、账期很短、交货期很长，那么会导致得分很低从而无法获得该订单。因此除了利用市场准入、ISO限制等常规条件造成相对垄断情况外，通过设置这3个变量找到得分和收益的最佳平衡点是竞单成功的关键。

交货期、应收账期变动与单价的关系如表5-2所示。通过此表可以看出，在得分不变的情况下不同产品的交货期减少一季对单价的影响及应收账期增加一季对单价的影响。

表5-2 交货期、应收账期变动与单价的关系

产品	直接成本	交货期减1对单价影响	应收账期增1对单价影响
P1	20W/个	+5W/个	+2.5W/个
P2	30W/个	+7.5W/个	+3.75W/个
P3	40W/个	+10W/个	+5W/个
P4	50W/个	+12.5W/个	+6.25W/个

从竞单公式中可以看出，交货期每降低一季，若保证得分不变，(8×单价÷该产品直接成本)可以增2，以P1为例(直接成本为20W/个)，单价可以提高5W。同理可以计算出P2、P3、P4对应值。

应收账期每增加一季，若保证得分不变，(8×单价÷该产品直接成本)可以增1，以P1为例(直接成本为20W/个)，单价可以提高2.5W。同理可以计算出P2、P3、P4对应值。

从表5-2中可以看出，交货期对单价影响较大，因此，如果压存货参与竞单，可以在交货

期上持有优势，竞单时胜算会比较大。特别地，如果是数量较大的高端产品订单，以 6 个 P4 产品为例，可以一季交货，即使单价高于 4 个季度交货的对手 37.5W/个，也可以得单，且总利润可以多 225W。因此，越是高端产品，数量越大，交货期的优势就越明显。

经过分析，我们可以得知在订货会上应尽量选择交货期靠后的单子，尽可能将交货期早的产品留在竞单市场，以谋取更高的利润。同时影响交货期的另外一个要素是产能，产能越大，相对来说可以早交货的产品就越多。因此在竞单市场中大产能是获得高利润的法宝。

应收账期对单价的影响只有交货期的一半。我们仍以 6 个 P4 产品为例，要求 4 账期回收现金可以比 0 账期回收现金单价最多高出 25W/个，总利润相差 150W。那我们到底应该都填 4 账期以获得更好的产品总价，还是应该都填 0 账期以获得更好的现金流呢？我们来分析这个问题，要求 4 账期回收，多出 25W/个，将其贴现需要多少费用呢？若单价低于200W/个，则贴现费用小于 25W，因此 4 期应收合算。而 P4 最高价为 150W/个，显然 4 期应收，高单价合算。要求 2 期回收与0 账期比如何呢？单价最多可以高出 12.5W/个，单价高于 125W/个，贴现费用大于 12.5W，显然 0 账期出低价合算；单价低于 125W/个，贴现费用小于 12.5W，出高价 2 账期合算。当然，如果现金流不紧张，则可优先考虑高价。其他情况可同理计算，并无一定之规。

5. 支付应付税

1) 所得税计算方法

很多初学者对于沙盘中所得税的计算不是很清楚，什么时候该交，什么时候不需要交，常常存在疑惑。

所得税在沙盘中是一个综合概念，可以将其理解为模拟的企业经营盈利部分所要交的税费。满足以下条件需交税：经营当年盈利(税前利润为正)；弥补了前面至多 5 年亏损后，仍盈利。

以利润表为计算依据最为清晰，下面以实例说明，如表 5-3 所示。

表 5-3　所得税计算(1)

年度	第 1 年	第 2 年	第 3 年	第 4 年	第 5 年	第 6 年
税前利润	−10W	50W	−20W	−30W	40W	130W
所得税	0	10W	0	0	0	30W
年度净利润	−10W	40W	−20W	−30W	40W	100W

从表 5-3 中可能看出，第 1 年亏损不交税。第 2 年盈利 50W，弥补了第 1 年的亏损后盈利 40W，税率为 25%，故所得税为 10W。第 3、4 年亏损，不交税。第 5 年盈利，但不足以弥补第 3、4 年的亏损，故不交税。此处要注意，第 1 年虽然亏损，但在第 2 年已经弥补，所以

第 5 年不需要再次弥补。第 6 年盈利，需要与未交税的第 3～5 年累计计算应税利润，即(−20)+(−30)+40+130=120W，故所得税为 30W。

总之，从当年开始，与前面连续无所得税年份(最多 5 年)的税前利润累加，得到应税利润，若大于零，则有所得税。

系统中只取整数，若出现小数又该如何处理呢？下面以两个例子说明，如表 5-4 和表 5-5 所示。

表 5-4　所得税计算(2)

年度	第 1 年	第 2 年	第 3 年	第 4 年
税前利润	−160W	50W	111W	5W
所得税	0	0	0	2W
年度净利润	−160W	50W	111W	3W

从表 5-4 中可以看出，第 3 年累计税前利润为 1W，故应税利润为 1W，所得税为 0.25W，四舍五入，当年不交。因为第 3 年没有交税，所以当年 1W 应税利润要累计到下一年，第 4 年税前利润为 5W，应税利润为 6W，四舍五入，所得税为 2W。

表 5-5　所得税计算(3)

年度	第 1 年	第 2 年	第 3 年	第 4 年
税前利润	−160W	50W	115W	5W
所得税	0	0	1W	1W
年度净利润	−160W	50W	111W	4W

从表 5-5 中可以看出，第 3 年累计税前利润为 5W，故应税利润为 5W，所得税为 1.25W，四舍五入为 1W。因为第 3 年交了税，所以当年的 1W 未交应税利润不必累计到下一年，第 4 年税前利润为 5W，应税利润为 5W，所得税为 1W。

从以上两个例子中可以看出，即使有小数，还是符合以下原则：从当年开始，与前面连续无所得税年份(最多 5 年)的税前利润累加，得到应税利润，若大于零，则有所得税。

2) 合理避税

了解了所得税的计算方法之后，自然就会想到利用“四舍五入”这一规则进行合理避税。假设系统采用 25%的税率政策，通过计算若发现当年应税利润为 $4N + 2$ 时(其中 N 为非负整数)，则可以主动贴现，增加一个贴息，将应税利润减少到 $4N + 1$，所得税也将由 $N + 1$ 减少到 N。这两种情况下的年度净利相同，但后者增加了资金流动性，保证了年初广告费的充裕。

3) 交税时间

税是在年底算出来的，但是税款不在当年结束时支付，因此报表中“应交所得税”一项是在负债里体现的。第 2 年投放广告费时，系统会有明确的提示，将税连同到期长贷本息和广告费一起支付。有的组在投放广告时系统提示现金不足，无法投放广告，原因就是除了广告费用以外，还要扣除所得税及长贷本息。

6. 申请、更新长短贷与支付利息

融资策略不仅直接关系企业的财务费用，还影响企业的资金流。很多初学者就是没有合理安排好长短贷的融资策略，结果要么被高额的财务费用“吃掉”了大部分的利润，要么因还不起到期贷款而现金断流导致破产。

在分析融资策略之前，必须明确几个基本概念。贷款的目的是赚钱，通俗地说，利用借来的钱赚钱，所赚的比所要支付的利息多，此种情况下，借得越多就赚得越多；相反，如果赚的钱还不够支付利息，那么借得越多就亏得越多。这就是财务杠杆的作用，因此不贷款绝不是经营企业最好的策略。

那么如何融资才是合理的呢？教科书上告诉我们，长贷用来做长期投资，如新建厂房和生产线、研发产品等；短贷用来做短期周转，如采购原材料、支付产品加工费用等。这自然是最稳妥的方法，但在高水平比赛中，如果仅仅采用这样保守的方案，不一定可以获得最大的收益。

长贷利率通常比短贷利率高，因此尽量使用短贷可以有效减少财务费用。下面总结两个使用短贷的小技巧。

(1) 借款数以 $20N + 9$ 为最佳，其中 N 为正整数。因为短贷利率为 5%，9 对应的利息为 0.45，根据利息计算四舍五入的规则，恰好可以不计利息。

(2) 短贷尽量分散在一年中 4 个季度，且只要够用，贷款时间尽量推后，只要权益有保证，就提前一个季度借新的短贷归还到期短贷，从而保证“以贷养贷”策略的顺利应用。当然这样做也有很高的风险，一旦经营失误或预算不准，就会导致权益下降，紧接着贷款额度也会下降，从而导致无法用新的贷款来弥补资金缺口，陷入因现金断流而破产的境地。

如果前期大量使用长贷，会导致财务费用过高，从而大量侵蚀企业利润，使得企业发展缓慢。有的组一开始就拉满长贷，结果到第 6 年需要还款时，无法一次性筹集足够现金，最终资金断流导致破产。

但这并不是说使用长贷策略就一定会失败。如果可以充分利用长贷还款压力小的特点，前期用大量资金扩大产能、控制市场和产品，那么凭借其超大产能和对市场的绝对控制权，也可以获得巨额利润，再利用分年长贷的方式(即第 4～6 年各还一部分长贷本金)，也可以达到意想

不到的效果。

与短贷类似，使用长贷也有一个小技巧，即计算利息本金数以 $10N+4$ 为最佳，其中 N 为正整数。因为长贷利率一般为 10%，4 对应的利息为 0.4，根据利息计算四舍五入的规则，恰好可以不计利息。

企业整体战略决策与精准的财务预算是决定长短贷比例的重要因素。只要合理调节好长短贷比例，把每一分钱都投入最需要的地方，让它变成盈利的工具，就可以让借来的钱为企业服务，创造出更多的利润。

7. 原材料更新/入库、下原料订单

1) 零库存管理

原材料的计算和采购计划排程是物料需求计划(material requirement planning，MRP)的核心内容，也是影响一个企业资金周转率的重要因素。日本丰田汽车公司运用的零库存管理模式得到了很多人的推崇，创造了明显的效益。

为什么要推崇“零库存”管理？因为资金是有时间成本的。通俗地说，在企业经营中，用贷款购买原材料，需要支付利息；在沙盘企业中，原材料库存本身是不会产生利润的，原材料库存越多，意味着需要的贷款越多，财务费用也越高，同时降低了资金周转率，所以减少库存是企业节流的一项重要举措。

沙盘模型中，产品的物料清单(BOM)是确定的，且原材料采购的时间周期也是确定的，因此我们可以通过生产计划准确地计算出所需原材料的种类、数量，以及相应的采购时间。例如，P2 产品的原材料构成是 R2+R3，要在第 4 季度交 1 个 P2 产品，自动线在第 3 季度就必须上线开始生产了，且 R2 和 R3 原材料都要到库。由于 R2 原材料需要提前一个季度采购，R3 原材料需要提前两个季度采购，因此，我们需要在第 1 季度下 1 个 R3 订单，在第 2 季度下 1 个 R2 订单，这样就可以保证 P2 在第 3 季度需要上线生产时正好有充足的原材料，同时才可以保证第 4 季度 P2 产品生产下线，准时交货。

这是最基本的生产采购排程，通过精确的计算，做到每下一个原料订单，都能明白该原料是什么时候用于制作什么产品的，这样才可以做到准时制(just in time，JIT)管理，实现“零库存”目标。

2) 百变库存管理

实现了“零库存”，说明已经熟练地掌握了生产排程。零库存管理是基于未来需求确定的情况下做的安排，但在实际比赛中，经常利用柔性线转产来调整已有的一些生产计划以应对变化的市场。因此追求绝对的“零库存”，会暴露一个问题——不能根据市场订单情况及时且灵活地调整生产安排。因此在有柔性线的情况下，原材料采购计划应该多做几种方案，取各种采购方案中出现的原材料需求量最大值。

例如，现有一条柔性生产线，在第2年第1季度有可能需要上线生产P2产品或P3产品。P2由R2+R3构成，P3由R1+R3+R4构成。生产安排不确定，通过分析发现要在第2年第1季度实现P2和P3的任意转换生产，需要保证第1季度有R1、R2、R3、R4四种原材料各一个。

要想充分发挥柔性线的转产优势，必须做好原料预算，预见可能出现的拿单情况。提前在第1年的第3、4季度做好原料订购，为可能的转产做准备，同时在第2年减少相应的原料订单，从而将多订的预备转产的原料库存消化掉。

做好灵活的采购计划及“百变库存”管理，是保证后期机动调整产能、灵活选取订单的基础，同时兼顾资金周转率，即可使柔性生产线发挥最大的价值。

8. 购买/租用厂房

1) 厂房购买与租用规则

规则规定厂房不考虑折旧，如果购买了厂房，则只是将流动资产的现金变成了固定资产的厂房，资产总量并没有变化，而且还可以节约租金，因此如果自有资金充裕则购买厂房比租用厂房合算。

接下来，以下面的厂房规则(见表5-6)为例进行说明。假设长贷的利率是10%，短贷的利率是5%。

表5-6 厂房规则

类 型	买价	租金	售价	容量
大厂房	440W	44W/年	440W	4条
中厂房	300W	30W/年	300W	3条
小厂房	180W	18W/年	180W	2条

从表5-6中可以看出，各类厂房的租金售价比均为10%，与长贷利率相同，但长贷利率是一年以后付息，而租金是租入时立即交纳，显然当自有资金不足时，以长贷购买厂房更为合算。短贷利率仅为5%，若资金可以周转，则以短贷购入厂房更为合算。

通常，企业第1年年初，不仅有初始资金，还有充足的贷款额度，因此一般不会出现资金紧张的局面。而企业第1年年末的权益会直接影响第2年的贷款额度，所以企业第1年往往会减少费用的支出，想尽办法控制权益下降。根据上述分析不难看出，第1年开局利用银行贷款来购买厂房，可以减少厂房租金的费用支出，对权益的保持是非常有帮助的。当然，如果第1

年大规模铺设生产线，则购买厂房可能会导致资金不足。

2) 厂房类型选择

不同类型的厂房，其生产线的租金也不同，大、中、小厂房的生产线租金分别为11W/条、10W/条、9W/条。看似小厂房最合算，但根据厂房数上限为4的规则，小厂房最多只能建8条生产线，企业规模将会受到限制。若建成4个大厂房，则最多可以容纳16条生产线，4个大厂房比4个小厂房多付租金104W，只要有市场，多建1条或2条生产线就可以赚回，何况最多可以多建8条生产线。

可见，若市场足够大，就应该尽量选择大厂房，多建生产线，同时保证厂房的生产线位不空闲。

3) 厂房出售与购买(厂房处理)

厂房出售有两种处理方式：一种是直接出售，将厂房价值变成4Q应收款，如果厂房内还有生产线，则同时扣除厂房租金；另一种是通过厂房贴现的方式，即直接将厂房出售后的4Q应收款贴现，有生产线的同时扣除厂房租金。

本质上，两种厂房处理方式相同，但由于贴现的应收账期不同，贴息也不同，因此如果可以预见资金不够，需要出售厂房来变现，则可以提前出售厂房，需要现金时，原来4Q应收款可能变成2Q应收款甚至现金，可以省出部分甚至全部厂房贴现费用。

另外，如果企业资金充足，可以将租赁的厂房买回，以节省租金、提升权益。

9. 新建/在建/转产/变卖生产线

做沙盘最基本的“功夫”就是计算，正确的决策背后一定有一系列的数据做支撑。下面我们就通过数据对生产线的性价比进行讨论，看一看究竟怎样建生产线最合算。

以表5-7所示的生产线规则为例进行分析。

表5-7 生产线规则

类型	购置费	安装周期	生产周期	总转产费	转产周期	维修费	残值
手工线	35W	无	2Q	0	无	10W/年	10W
租赁线	0	无	1Q	20W	1Q	55W/年	-55W
自动线	150W	3Q	1Q	20W	1Q	20W/年	30W
柔性线	200W	4Q	1Q	0	无	20W/年	40W

自动线最为常用，一般以此为比较对象。两条手工线的产能与一条自动线的产能相等，维修费也相同，而从折旧考虑，两条手工线累计折旧为50W，一条自动线累计折旧为120W，可

节约 70W，因此建两条手工线可以多出 70W 的收益，又因为手工线没有安装周期，两条手工线可以比自动线多产出 3 个产品，以 40W 的毛利算，又多出 120W 的收益，累计可以多出 190W 的收益。这样看来，是不是手工线更合算呢？不一定，两条手工线比一条自动线多占了一个生产线位，如果市场够大，多出的生产线位可再建一条自动线，这完全可以赚出 190W 的利润。因此，如果市场够大，极端地讲，若可以容纳 16 条自动线，当然要建自动线；如果市场不大，最多只能容纳 8 条自动线，则可以考虑改建手工线(注意，手工线有转产优势)，也可以考虑两类生产线的组合。

柔性线与自动线相比呢？柔性线的购置费比自动线多了50W，如果可以用满 4 年，相当于柔性线比自动线贵 40W。从规则中可以知道，柔性线的优势在于转产，假设自动线转产一次，则此时需要停产一个周期，同时需支付 20W 的转产费。由于柔性线的安装周期比自动线多一个，因此停产一个周期也相当于基本持平。这种情况下，建自动线仍然要比建柔性线少支出 20W。但是如果自动线开始第二次转产，则又需要停产一个周期、支付 20W 的转产费，很显然，柔性线可以比自动线多生产出一个产品，自然更具优势。

租赁线是非常特殊的一类生产线，兼具手工线和自动线的优势，建设时不需要任何投入，仅需在年末支付 55W 维修费，比自动线多出 35W 的维修费，再扣除自动线 30W 折旧费，两者相差 5W，若用 5 年，则仅相差 25W。但其没有安装周期，可以比自动线多产出 3 个产品，这完全可以赚出 25W 的利润，而且其前期资金压力小，优势不可小觑。但租赁线不计小分，若不及时处理更换，一直使用到比赛结束，可能对总分影响较大，反而不利于排名。

10. 紧急采购

紧急采购规则相对来说不起眼，甚至很多队伍都将它忽略了，认为一旦涉及，就是亏本的买卖，不能做。事实上，在选单和竞单时，利用这个不起眼的小规则往往可以出奇制胜。

例如，在选单时，第 5 年和第 6 年国际市场中的 P1 产品均价可以达到 60W/个，紧急采购价也是 60W/个。这就意味着，选单时如果出现大单但产能不够，就完全可以利用紧急采购来补充；另外还可以利用类似的代销模式，扩大在该市场的销售额，从而帮助企业抢到市场老大的地位。同样其他产品也是如此，通过紧急采购可以无形中扩大产能。

另外，在竞单规则中，产品最大销售价格可以是直接成本的 3 倍，因此如果接到的订单是直接成本 3 倍的价格，即使产能不够，也可以利用紧急采购来弥补；同时紧急采购是随时可以购买且立刻到货的，所以在交货期上有一定优势。

但要注意，用紧急采购来交货并不是没有损失，即使权益上没有损失，也会导致现金变成应收款，流动性上遭受损失。

11. 按订单交货

合理安排订单交货时间，配合现金预算需要，可以起到“削峰平谷”，减少财务费用的效果。通常来说，应该产出几个就按订单交几个，尽量多地去交货，但是有的时候，还应该参考订单的应收账期，使回款峰谷与现金支出峰谷正好匹配。

例如，某企业获得了两张订单，其中一张订单为4个P1产品，总额是200W，账期为3Q；另外一张订单为3个P1产品，总额是150W，账期为2Q。假设有2条自动线，第2季度正好生产出了4个P1产品可以用于交货，通过预算发现，第4季度的研发费和下一年的广告费不足，可能会出现资金断流。此时，如果交4个P1产品的订单，则第4季度货款还是1Q应收款，此时需贴现，从而增加了财务费用。第2季度如果不是产多少交多少，而是充分考虑订单账期因素，当通过预算发现第4季度有财务压力后，先交3个P1产品的订单，那么第4季度就可以将150W的应收款收回，正好可以满足研发费、广告费的需求，避免贴现产生财务费用。

因此合理安排订单交货的时间和顺序，关注订单的应收账期，可以起到“节流”的效果。

12. 产品研发投资

实际操作中有的企业一开始不考虑建生产线，而是先研发产品，结果产品研发完成了，可生产线还没建成，导致无法正常生产。还有的企业生产线建好了，但产品研发没完成，导致生产线白白停工。

产品研发按季投资，生产线也应按季投资。理想的状态应该是产品研发刚完成，生产线也恰好建成可以使用。

某企业的产品研发与生产线投资情况如表5-8所示。从表中可以看出，P1产品并没有从第1季度开始研发，因为即使在第3季度研发成功了，根据生产线的投资规划，也没有生产线可以生产；P5产品要到第2年第1季度才能完成投资，所以从第1年第3季度开始投资生产线即可。

表5-8 某企业的产品研发与生产线投资情况

项目	第1年				第2年			
	第1季度	第2季度	第3季度	第4季度	第1季度	第2季度	第3季度	第4季度
P1资格投资			10	10				
自动线(产P1)		50	50	50				
P5资格投资	10	10	10	10	10			
自动线(产P5)			50	50	50			

13. 厂房贴现/应收款贴现

关于贴现，很多人认为它是增加财务费用的罪魁祸首，只有在资金周转不灵时，才会被迫选择使用。

果真如此吗？其实未必。与贷款相似，贴现也是一种融资方式。贴现可以分两种情况：一种是被动贴现，例如，当现金流遇到困难时，被迫做应收款贴现或厂房贴现，如果不贴，资金将会断流；另一种是主动贴现，例如，在市场宽松、资金不足的情况下，主动贴现以换取宝贵资金，用于建设生产线或研发产品，从而扩大产能和市场份额、迅速占领市场。

被动贴现的企业一般处于以贴还债的境地，本季度的现金不够，就将下一个季度应收款贴现，若下一个季度又出现财务危机则需要再次贴现，这就陷入了连环贴现的怪圈之中。

主动贴现则不同，往往都是用于扩大企业生产规模和市场份额，追求利润最大化。贴息和利息一样都属于财务费用，只要其创造出比财务费用更高的利润，就是有价值的。

14. 季末对账

有经验的团队都会在操作前做好全年预算，但在具体操作时偶尔也会犯低级错误，如忘记在建工程继续投资、忘记下一批生产等。如果到年底才发现，很可能就已经造成无可挽回的损失了，因此每个季度末的对账是对该季度计划执行的检验，可以帮助企业尽早发现问题。同时，通过分析季末现金，还可以大概计算出企业的资金使用效率。很多新人在经营初期都喜欢保留很多现金，觉得很有安全感。事实上现金是流动性最好、收益性最差的资产形式，再多的现金握在手中，无论多少年也不会增加利润。

现金对于企业来说就像人的血液，万万不能缺少，现金断流意味着破产。因此在保证现金流安全的前提下，应尽可能降低季末结余现金，提高资金使用效率，甚至在计算精准的前提下，若季末现金为 0，则算是将资源用到了极致。

15. 缴纳违约订单罚款

违约或交罚款一般来说都不是好事。但特殊情况下，结合特殊战术，如果有竞单市场，则可以化腐朽为神奇。

竞单规则中，产品总价由各队在直接成本 1～3 倍区间自行填写。因此即使已经在选单市场拿了订单，只要竞单价格足够高的话，违约选单也是合算的。

例如，某企业在选单市场接了一张 4 个 P3 产品、总价 320W 的订单，违约需要缴纳总价的 20%，即 64W 违约金，再加上 10W 的竞单费用，4 个 P3 产品的违约成本价是 394W(320W + 64W + 10W)。在竞单市场，1 个 P3 最高可以卖 120W，如果高于 394W 总价竞得 4 个 P3 的订单就不亏，因为最高出价可达 480W，可能还会多赚一些利润，况且竞单市场的账期和交货期灵活度更高，可以迷惑对手。

16. 支付设备维护费、计提折旧

折旧是逐年计提的，当净值等于残值时，就不需要继续计提，而且生产线还可以继续使用。因此很多时候看到设备已经折到残值时，会舍不得卖掉。设备修护费是根据设备的数量来收取的，只要建成，无论有没有进行生产都需要支付。维护费年底收取，因此如果在年底结账之前就将设备卖掉，就不需要支付维护费了。根据此规则，如果比赛最终只看权益，不考虑其他综合得分，则卖掉部分生产线比较有利。

例如，第 1 年第 2 季度开始投资新建自动线，连续投资 3 个季度，在第 2 年第 1 季度完工建成，当年净值为 150W。根据建成当年不折旧的规则，这条自动线在第 3～5 年分别计提折旧 30W，那么到第 6 年年底，净值为 60W。如果第 6 年不卖，年末计提折旧后，该自动线的剩余净值为 30W；如果第 6 年年底直接卖掉，可以收回相当于残值的 30W 现金，另外 30W 算为损失。

比较上述两种方法，从资产角度看是一样的。但如果不出售生产线，年底则需要支付维护费；若出售生产线则不必支付，从而节约了维护费。注意，该方法只针对净值等于残值，或者当年折旧后净值等于残值的情况。如果这条自动线是第 3 年建成的，那么到第 6 年底还有 90W 的设备净值，出售会产生 60W 的损失，就得不偿失了。

还有一种情况，前期因为资金紧张，建了手工线，后期市场比较大，此时淘汰手工线是否合算呢？以 P2 为例，手工线产量为 2，一年可以带来的毛利只有 80W，扣除维护费 10W，净毛利为 70W；而自动线产量为 4，一年带来的毛利为 160W，扣除维护费 20W，净毛利为 140W，两种情况相差 70W。手工线累计折旧是 30W，自动线是 120W，也就是说自动线要多投资 90W，另外，改建生产线需要 3 个季度，手工线可以产出 1.5 个产品，毛利有 60W，因此，若改建，自动线相当于多投资 150W(60W+90W)。综上分析，如果自动线还可以再用两年多一点的时间，那么淘汰手工线改建自动线就是合算的。

17. 商业情报

“知彼知己，百战不殆”，自古兵家谋略都极其重视搜集竞争对手的情报。沙盘虽小，但想要在激烈的竞争中脱颖而出，除了做好自己的事，还必须搜集商业情报，时刻关注对手，针对其弱点制定策略。

应该了解哪些商业情报？简单地说就是把别人的企业当成自己的企业来关注，通过商业情报搜集和观盘，尽可能多地记录对手信息，如现金流、贷款额度、ISO 资质认证、市场开拓、

产品研发、原料订单及库存、订单详情、生产线的类型、成品库存等，然后一组一组地分析，找出真正的竞争对手。

其中最重要的是通过分析和提炼得出竞争对手各种产品的“产能”和“现金流”，这两个要素是选单博弈的关键。通过竞争对手的生产线情况及原材料采购情况，可以推测出对手的最大产能及可能的转产计划，甚至可以推测出对手每个季度可以产出几个某类产品。只有这样才能掌握对手策略，在市场博弈中，有针对性地采取遏制或规避战术。同样，对现金流的密切监控，可以分析出对手可能投放的广告额及拿单策略，这些信息可以为自身决策提供重要依据。

订货会中，除了选好自己的单，还要密切关注主要竞争对手的选单情况，不仅要记录他们销售的数量，还要密切关注和记录交货期和账期。尤其在有竞单的情况下，关注对手的选单，就可以分析出他们在竞单市场中的拿单能力，从而有针对性地制定竞单策略。

5.2 常用策略

经营企业最重要的一个环节就是制定公司的经营战略，经营什么？如何经营？怎样才能获取最高的利润？这是每个公司管理层在经营之初首先需要考虑的问题。很多企业在经营伊始就犯下了致命的错误，所以在经营过程中即使绞尽脑汁也无法使企业走出困境。为了让经营者在起跑线上就能赢得先机，现列出几套成功的经典策略[①]供其参考，策略如下。

策略一：P1、P2 策略

优势：该策略的研发费用较低，仅为60W，能有效地控制综合费用，进而使利润、所有者权益能够保持在一个较高的水平，这样对于后期的发展非常有利。依照笔者的经验，第 1 年将所有者权益控制在 440W～450W 为最佳，第 2 年实现盈利后，所有者权益会飙升至 570W 以上。笔者就曾以此策略在第 3 年扩建了 10 条生产线，这是迄今为止扩大产能速度最快的一种策略。即使第 2 年一个产品都没有卖出去，也可以轻松坚持到下一年。如果要迅速扩张，以产能来挤压竞争对手的生存空间，此策略无疑是最优的。

劣势：该策略的优势非常明显，但劣势则不易察觉。使用该策略可以在前期建立很大的优势，但在后期通常会不知不觉地被超越，这种情况无论在普通训练赛中，还是在国家级比赛中都不胜枚举。主要有两个原因：一是 P1、P2 策略在后期缺乏竞争力，利润显然不如做 P3、P4，

---

① 本节所述策略针对系统中的自带订单，P1、P2、P3、P4 的开发时间分别为 2 个季度、4 个季度、6 个季度、6 个季度，开发费为 20W、40W、60W、120W，以商战 600W 初始权益为例。

被所有者权益相差200W以内的对手反超不足为奇；二是依靠此策略建立起前期优势后，心理上难免会有些松懈，赛场如战场，形势可能“一日数变”，如果没有足够的细心和耐心处理对手的信息，被对手在细节处超越的可能性也是很大的。

关键操作步骤：以600W初始权益为例，操作如下(本操作步骤只做一般性参考，读者切不可犯教条主义错误)。

1) 第1年

第1季度：研发P2扣10W，管理费扣10W，现金余额为580W。

第2季度：购买小厂房扣300W，新建2条P1自动线和2条P2自动线扣200W，研发P2扣10W，管理费扣10W，现金余额为60W。

第3季度：借入短期贷款加200W，订购原材料R3，数量为2，建生产线扣200W，研发P1和P2扣20W，管理费扣10W，现金余额为30W。

第4季度：借入短期贷款400W，订购原材料R1、R2、R3，数量分别为2、2、2，建生产线扣200W，研发P1和P2扣20W，管理费扣10W，开拓全部市场扣50W，开发ISO 9000扣10W，现金余额为140W，所有者权益为440W。

2) 第2年

年初本地P1投10W，P2投30W；区域P1投10W，P2投30W。借入长期贷款100W。

第1季度：到货原材料R1、R2、R3，数量分别为2、2、2，扣60W，订购原材料R1、R2、R3，数量分别为2、2、2，生产2个P1、2个P2，管理费扣10W，现金余额为250W。

第2季度和第3季度省略。

第4季度：开拓国内、亚洲、国际市场；开发ISO 9000，ISO 14000需视权益的多少而定。

在卖出6个P1、5个P2产品后，最终权益可以达到570W。

3) 第3年

贷款全部贷出，将所有应收账款贴现，接订单应多接小单，最优情况就是每季度的产出都能卖出，其余细节在此不再赘述。

使用环境：主要用在初学者的比赛中，当对手大多生产P3、P4时也可使用该策略。

策略二：P2、P3策略

这套策略攻守兼备，推荐选择2条柔性线，P2、P3各有1条自动线。

优势：此策略的优势在于使用者可以在比赛全程获得产品上的优势。P2第3年和第4年两年的毛利可以达到50W/个，这时可以用3条生产线生产P2，达到利润的最大化；后期P2的利润仍然保持在40W/个左右，而P3利润为45W/个左右，差距不是很大。此外，P2柔性线转产可使后期 P2 生产线只有 1 条，极大地增加了转产其他产品的机动性。所以，总的来说该策略的优势就是可以全程保持较高的利润，无论战况如何都能处于一个有利的位置。

劣势：这套策略虽然可以使经营趋于一种稳定的状态，但倘若想要有大的作为，必须要再添几分筹码，如后期扩张时多开几条 P4 生产线等。

关键操作步骤如下。

- 因为 P3 最快在第 2 年第 3 季度才能投入使用，所以应该把 1 条 P3 生产线设置为第 3 季度刚好能够使用，这样才能最大限度地控制现金流。
- 倘若经营者考虑广告等问题，觉得没有必要在第 2 年生产 P3，则可以到第 3 年生产 P3，这样可以省下 1 条生产线的维护费用，折旧也可以推迟，此时需要注意生产线和研发的匹配，严格控制现金流。
- 市场开拓方面，第 1 年市场可以考虑不全开，因为产品的多元化已经能够起到分散销售产能的作用；ISO 方面，P2、P3 对于 ISO 14 000 要求不严格，可以暂缓，但是 ISO 9 000 一定要开发，因为第 3 年市场往往会出现 ISO 9000 要求的订单，拥有认证就能占得先机。
- 第 2 年由于市场较小、P2 产能过大，可以考虑提高 P2 的广告投放，在初级比赛中，建议每个市场投 40W～50W 广告费即可，在高级别比赛中则要仔细斟酌。

使用环境：当所有产品的对手分布比较均衡或 P1、P4 市场过于拥挤时可以使用此策略。

策略三：纯 P2 策略

P2 是一个低成本高利润的产品，前期倘若能卖出数量可观的 P2 产品，必定能使企业腾飞。

优势：开发 P2 产品所需成本仅为 30W，而 P2 产品利润均在 35W 以上，最高单个产品利润在第 3 年和第 4 年可以超过 50W，即便后期第 5 年和第 6 年 P2 产品的利润也在 40W 以上，但只要能在前期拿到足够的订单，就可以迅速崛起。

劣势：P2 产品的利润非常高，觊觎这块“肥肉”的人自然不在少数，所以极有可能造成市场紧张，以致拿不到足够的订单，风险颇大。

关键操作步骤如下。

- 前期市场比较紧张，因此推荐使用小厂房，第 2 年开发完成 3 条 P2 产品生产线，第 3 年再加 1 条。
- 第 2 年的广告越多越好，但总额最好不要超过 100W。
- 市场开拓方面建议全部开拓。第 1 年 ISO 9000 可投可不投，第 4 年再开拓也无妨，ISO 14000 前期不要开拓，可在第 4 年以后开拓。
- 扩建生产线的速度越快越好，因为战机就在第 3 年和第 4 年，不可错过。

使用环境：P2 产品的市场需求较大，P2 产品生产线占总生产线的 40%以下均可使用。

策略四：纯 P3 产品策略

纯 P3 策略堪称经典，因为只研发 P3 产品的费用不高，只有 60W，而且第 3 年以后 P3 产品的市场颇为可观。

优势：无论在什么级别的比赛中，P3 产品似乎都是一块“鸡肋”，表面上看“食之无味，弃之可惜”，但如果读者能够静下心来仔细揣摩参赛者的心理就可以发现 P3 产品的优势。P3 产品前期不如 P2 的利润大，后期不如 P4 的利润大，而且 P3 产品门槛不太高，这都是 P3 产品明显的缺陷。正是这些缺陷，才使得 P3 产品从来不会过于显眼，所以使用纯 P3 产品策略往往可以起到规避风险的效果，大大减少了市场广告费用的投放，变相提高了产品的利润。此外，P3 产品后期利润有所增加，市场很大，因而可以建成多条生产线。

劣势：因为 P3 产品的研发周期较长，所以第 2 年产能有限，若强行扩大产能，会产生较多维修费，需要慎重考虑。若从第 3 年才开始生产，则会导致权益过低，前期被压制，心理压力大，一旦失手就会输掉比赛。因此，选择这套策略一定要沉着冷静，具备很高的心理素质。

关键操作步骤如下。

- 推荐在第 3 年生产 P3 产品，买小厂房，建 4 条自动线，这时市场很大，不需要投很多广告费就可以卖光产品。
- 市场要全部开拓，因为产品集中。
- ISO 研发选择 ISO 9000，第 3 年要拥有资格，ISO 14000 可放弃。
- 如果生产 P3 产品的对手过多，可在第 4 年以后增加 2 条 P1 产品生产线，以缓解压力。
- 在第 2 年生产 P3 产品也可以，这样在第 3 年就可以比别人多产出一季度的 P3 产品。

使用环境：在 P2 或 P4 被普遍看好的情况下，或者当参赛队生产的 P3 总量不足需求量的七成时可以使用此策略。

策略五：纯 P4 产品策略

纯 P4 产品策略绝对可以算得上是一个险招。

优势：很明显，P4 产品的利润巨大，如果每卖出一个产品就能比别人多获得 10W 的利润，那么 1 条生产线可以多 40W，4 条就可以多 160W。比赛前期 160W 意味着什么？意味着可以多贷出 480W，480W 的贷款就可以多建 3 条生产线，一般来说前期 50W 的差距到后期就可以扩大到 200W 以上，何况是 160W。而且进入 P4 产品市场要比进入 P3 产品市场难得多，不仅多了 60W 的研发费用，原料成本也很高，所以如果对手不在初期进入市场，后期就很难进入。

因此一旦前期确立了优势，那就意味着离胜利不远了。此外 P4 产品的单价极高，倘若比赛规则中有市场老大，则使用纯 P4 产品可以轻松地拿到市场老大，从而以最低的广告成本选择最优的订单。

劣势：因为纯 P4 产品的前期投入很大，有损所有者权益，所以往往要采用长期贷款策略，这就会背负很大的还款压力。而且 P4 产品的市场容量较小，所以，一旦前期对手较多就可能导致优势减弱或全无，陷入苦战之中，那么结局就会很悲惨。例如，2009 年全国总决赛中，本科组 28 支队伍中研发生产 P4 产品的队伍在第 2 年达到了 16 支，这直接导致了所有走纯 P4 产品路线的队伍在第 4 年就退出了竞争，无一幸免。

关键操作步骤如下。

- 前期需要借长期贷款，对于初学者来说基本上要借出 1 500W，控制长期贷款的利息是很困难的，因此一定要小心谨慎。
- 可以使用短期贷款，但资金把控真的很困难，不建议初学者使用。
- 倘若竞争对手很多，就一定要在市场上挤垮对手，因为 P4 产品在前期的市场需求比较紧张，只要有一次接不到合适的订单基本就很难生存下去了，能坚持到最后的才是王者，所以，千万不要吝惜广告费。
- 如果要使用短贷，前期就一定要控制权益，不要开发 ISO，市场可以缓开发一个，等到第 3 年或第 4 年缓过来再开发也不迟。

使用环境：P4 产品的市场需求较大，P4 产品生产线占总生产线数的 25%以下即可放心使用。

策略六：P2 产品、P4 产品策略

这套策略被视为是保守的 P4 产品策略，道理浅显易懂。

优势：前期当 P4 产品订单不足时，可以将一定的产能分散到 P2。保证了第 2 年的盈利，就可以解决纯 P4 产品全借长贷问题，至少可以部分使用短期贷款。这样第 2 年的利润就可以大大增加，以便提高扩建生产线的速度。此外 P2 产品与 P4 产品的搭配对于夺取市场老大也是很有帮助的，两个产品进攻同一个市场，一般对手根本抵挡不住。

劣势：前期研发费用共有 160W，太高了，而且这两种产品的生产成本很高，资金周转速度太慢，需要较高的控制水平。

关键操作步骤如下。

- 第 1 年使用短贷，在第 3 季度和第 4 季度各借 200W，第 2 季度买小厂房花费 300W，建 2 条 P2 产品线，第 2 季度开建第 4 季度完成投资；建 2 条 P4 产品线，第 4 季度开建下一年第2季度完成投资。开发4个市场，ISO不开发，保持400W的所有者权益。

- 第2年尽量少投广告费，不借长贷，各季度短贷分别为200W、400W、400W、200W，市场全开，ISO视所有者权益的多少开发，权益在470W以上可以全开发。

使用环境：当有市场老大且P4产品竞争对手较多时可以使用此策略，当然也要根据市场环境适当进行调整，灵活把握，避免犯教条主义错误。

5.3 2008年第四届全国大学生创业设计暨沙盘模拟经营大赛夺冠心得

2008年7月，三秦大地骄阳似火，沙盘模拟经营大赛在这里如火如荼地展开着。经过两天的激烈厮杀，我们湖南科技大学代表队终于获得了冠军。今天，沙盘战场的硝烟早已散尽，随着记忆的窗帘慢慢打开，这段难忘的回忆仿佛又带着我回到了4年前的古城西安，此刻，细细品味着其中的酸甜苦辣，写下了这篇心得①。

1. 网络热身、积极备战

经过在湖南省赛中的一番生死鏖战，我们终于在众多高校中拔得头筹，杀入国赛。听前一年参加过国赛的一位老师介绍，国赛中藏龙卧虎，高手如云，因此获得了湖南省的参赛代表权后，除了激动和喜悦，更多的是感受到了来自国赛的压力。为了能够在国赛中有好的发挥，我们想尽办法在网上搜索比赛信息，学习比赛经验。

通过一段时间的网上模拟比赛，我们从刚开始时的逢赛必输、手忙脚乱、成绩垫底，到后来可以做到一个人独立运营一家公司，从广告拿单到资金预算，从采购原料到规划生产，半小时就可以完成一年的经营。我们的沙盘技术水平有了质的飞越，更重要的是，在交流中我们增长了见识，结识了一群志同道合的“沙友”，增强了对比赛的信心。

时间在不知不觉中就流逝了，距离比赛只有最后一周的时间了，组委会召开网络会议，公布国赛规则和市场预测。最后这段时间，我们在老师的带领下，进行了为期一个星期的魔鬼式封闭训练。

我们对市场情况进行详细的分析，列出所有的产品组合，再根据不同的情况进行资金预算及

① 本心得针对的是老创业者系统，故现金单位为M。作者系湖南科技大学毕业生楚万文。

广告策略设计，初始资金从 55M～70M 的开局方案，我们几乎都逐一进行了推演。经过验算，将效果不理想的方案逐一排除。偌大一个训练室的黑板上写满了我们推导的方案数据，甚至在去西安比赛的火车上，我们一路都在推演方案。经过这样的大量推演，我们的计算能力以及对过程中可能出现的紧急情况的处理能力都得到了进一步提高。

2. 剑走偏锋、狭路亮剑

经历了多次方案推演之后，我们总结出了以下情况。

P4 产品前期利润极高、市场需求量大，是典型的金牛产品，虽然后期需求量逐渐减少，但是只要配合 P1 或 P2 成长型产品做一些均衡，就是一条非常稳健的发展之道，但如果大家都看好这套方案，那么势必会造成非常惨烈的恶性竞争，可能出现皆输的结果。

与 P4 相比，P3 产品的利润没有 P4 那么丰厚，而且市场需求量特别少，特别是初期的需求量少得可怜，如果不能有一个很好的销售支持，将会遇到资金流的瓶颈，即使配合 P1 或 P2 产品分担销售压力，仍然存在很大的风险，但只要可以挺过前三年，后期随着各个市场对 P3 产品需求的提升，发展成效会非常诱人。

由于国赛中将生产线的维修费设置成每年 2M/条，直接打压了前期本就不多的利润空间，因此在初始资金比较紧张的情况下，前期不可能同时生产 P3 和 P4 产品，这就意味着必须在决策之初就做出一个明确的产品选择。

我们讨论了很久，迟迟不敢轻易决断。到底是冲着 P4 这块大“蛋糕”去呢？还是冒险走一条小市场的 P3 之路？为了做出合理决策，我们又对市场容量进行了测算，发现前期 P3 市场需求很小，如果有 9 家以上做 P3，第 2 年就不能顺利地将产品卖完，那么选择 P3 的风险会很大。反之，如果有超过 17 家以上做 P4，由于竞争太过激烈，选择 P4 的风险也会非常大。

分析后，我们最终决定，剑走偏锋，冒险选择 P3。方案定了，如何最大限度地保证 P3 方案的成功实施呢？我相信能够进国赛的队伍，大部分都具备很强的实力，大家都会在比赛前做足准备，那也就意味着，我们分析的 P3 或 P4 方案在其他队伍看来也是两难的选择。比赛在即，各个队伍都对自己的方案讳莫如深。这时不禁让我想起“狭路相逢勇者胜”这句话。勇于率先“亮剑”的队伍才可能吓退对手，获得主动权。只要可以吓退一家原打算做 P3 的队伍，就会多迫使一个对手做 P4，胜利的天平自然就会向 P3 倾斜。

打定主意后，我们在一进场的时候，就非常高调地去裁判处领取了 5 条自动线生产 P3。果不其然，我们这一近乎疯狂的行为，马上引起了其他队伍的恐慌。在我们身边的一个队伍，原本也打算做 P3 产品，见到这种情况，最终选择了 P4。逢敌先“亮剑”，给我们带来了先发优势。

另一方面，我们还留了一手。虽然我们非常高调地拿了 5 条自动线生产 P3，但是电子系统中却迟迟没有进行任何操作，这是我们在“亮剑”的同时，给自己留的一条后路。初始年所有流程都是事先预设好的，鉴于我们平时的训练，完成所有的操作一般不会超过 3 分钟。因此，我们决定先等其他组操作，当剩最后 15 分钟时，通过系统的商业情报搜集功能来观察对手，一旦发现局势不利于生产 P3 产品，马上采取 P4 方案进行操作，这样可以保证我们不至于输在起跑线上。

最后，正如我们所料，P4 产品竞争异常激烈，后来甚至出现了投 5M 广告费都无法拿到订单的情况。

通过剑走偏锋、狭路亮剑，再加上按兵不动的策略，我们获得了一个很好的开局。可是正如老子说的“祸兮福之所倚，福兮祸之所伏”，骄兵必败，接下来发生的事情，让我们深受打击。

3. 乐极生悲、塞翁失马

都说良好的开端是成功的一半，可是正当我们欢呼雀跃的时候，意料之外的事情发生了。市场中埋伏下了一张利润相当可观的 3Q 交货的 P3 订单。国赛规则采用的是创业规则，P3 的研发周期为 6Q，第 2 年第 3 季度 P3 产品刚刚上生产线，即无论如何都无法在第 2 年第 3 季度交货。这是一个很简单也很明显的陷阱，甚至比赛前一天当我们拿到市场预测时，都开玩笑地说过：比赛中肯定会设置这样的陷阱。可偏偏在关键的时候，意外发生了。我们一开始就选了一张 2 个 P3、总价 18M、交货期为 3Q 的订单。这就意味着在这一年，要接受 5M 的违约罚款，这对一个只有 60M 初始权益的公司来说，无疑是晴天霹雳。更何况是在国赛这样高手云集的比赛中，任何一点小失误都会导致最后的失败。我们的心情也像云霄飞车一样，从高空垂直坠落。

意外发生了，整个团队突然陷入了沉默。回想起两个多月来的辛苦付出，谁都不愿意相信刚刚看到的胜利希望因为我们的失误而破灭了。虽然每个人的心情都异常沉重，但是关键时刻，队员们没有一句埋怨，没有一丝气馁，“没关系，我们继续！”这句简单的话语让我们热泪盈眶。“比赛还没有结束，我们还有希望！”我们相互安慰，彼此鼓励，很快就调整好了心态，第一时间对原计划进行了调整。

紧接着，区域市场里，我们拿到了最大的 4 个 P3 的订单；由于没有顺利拿到 5 个 P3 的订单，对原来都已经投资了一期的 5 条全自动线，只继续投资其中 4 条，这样就可以少交一条生产线一年的维修费和折旧；财务将原来的预算第一时间重新演算，调整了长短贷的比例。

我们比任何一个“守财奴”都更苛刻地要求自己，每省下 1M 的费用都会让我们兴奋不已，这一刻，我们十分的团结，整个团队的士气因为这次突如其来的意外变得格外高涨，因为我们怀着梦想而来，我们不愿意让梦想这么快就破灭。我们能行，我们要创造奇迹！

团队的凝聚力也许在平时并不会表现出来，但是当真正面临危机的时候，只有团结的队伍才有可能战胜困难。也正是有了这次意外，团队变得更加团结，在后面的比赛中，无论是计算、操作，还是战略安排，我们都基本上做到了零失误。事后回想起这次意外，我们不禁感慨：“真是塞翁失马，焉知非福啊！”

4. 打破常规、实现翻盘

危机过后，虽然我们一直努力追赶，但是起始的重创让我们在 26 支队伍中始终徘徊在中游，如果没有突破常规的策略，将很难超越已经遥遥领先的竞争对手。

时间来到了沙盘经营的第 5 年，本届国赛推出了新的竞单方式：客户只提供所需的产品及数量，具体的价格、交货期和账期都可以自己填写，价格低、交货期早、账期长的公司通过暗标的形式获得订单，最高价格可以是直接成本的 3 倍。丰厚的利润吸引着所有人，但同时又提醒着大家，如果将注意力全部放在竞单上，那么一旦出现竞争激烈、相互压价的情况，不仅无法获取满意的利润，还有可能面临成品积压的风险。

高风险带来高回报，这是我们殊死一搏的机会。怎么合理安排竞单的数量、怎么合理填报价格等竞标参数，成了我们首先要思考的问题。每年结束，我们团队中的 5 个人，每人负责搜集 5 家对手公司的信息，如产能、库存、现金、贷款等，甚至连对手公司的采购计划也逐一记录。然后在短短的 10 分钟内，将各家公司的信息进行汇总分析，找出主要的竞争对手。通过对产能的分析，了解对手公司什么时候可以交多少个什么产品；通过对现金流的演算，分析对手公司对账款回收期会有怎样的安排，哪里会有现金断流的压力；通过对市场及认证的分析，得出对手公司大概的广告投入方向和金额。经过这一系列的分析后，对照自身的优势(当时我们已经拥有了 ISO 9000 和 ISO 14000，市场全部开拓完成)，我们决定将重点放在竞单市场上。

只了解对手还远远不够。第 4 年年末，P3 产品一直处于蓝海状态，有的公司已经开始全线生产 P3 产品，产能高得吓人。面对这样疯狂的市场搏杀，如果没有好的博弈策略，就很难在这场较量中胜出。由于竞单市场的巨大诱惑，选单市场相对就比较轻松。因此我们做出了一个大胆的决策。我们首先在选单市场消化掉一半左右的产能，留一半产能到竞单市场伺机而动。这样即使竞单市场竞争异常激烈，也可以保证企业正常运营。

可是这毕竟是国赛，仅凭常规的方式，很难在强队如林的比赛中实现翻盘，这就要求我们必须打破常规，发散思维。在比赛期间我们想到了一招杀手锏，就是巧妙地利用规则中紧急采购和违约这两个不起眼的规则。

如果接到的订单是直接成本3倍的价格，那么即使在数量上不够，也可以利用紧急采购来弥补，因为紧急采购成品也是直接成本3倍的价格，这样就不用担心产能不够了，同时还可以在交货期上获得一定的优势。

对于违约规则的利用也是同样道理，例如，在选单市场接了一张4个P3、32M的订单，如果违约，则需要缴纳总价30%(即9M)的违约金，再加上1M的竞单费用，也就是说4个P3违约后的机会成本是42M。而在竞单市场，1个P3可以最高卖12M，如果在竞单市场可以用42M以上的价格拿到4个P3的订单，就不会亏损，如果可以满额48M获得订单，即使违约了，前面选单市场的订单也还有得赚，况且竞单市场的账期和交货期灵活度更高，可以使对手猜不透我们真正的产能，从而达到压制对手的目的。

在充分利用规则的情况下，经过第5年和第6年在竞单市场中的拼杀后，通过精准的计算和成功的竞单博弈策略，净利润连续两年接近70M，实现了惊天逆转，最终获得了冠军。

5. 人生似沙盘、沙盘似人生

此时此刻回想起获得冠军时的场景还是异常的激动。从第一次选单失误，到过程中的不断拼搏，我们感触很深。在沙盘比赛中有没有制胜的秘诀？我们认为制胜的公式是“胜利 = 计算 + 博弈 + 不犯错”。

- 计算：即“用数据说话”，包括制作报表、制定预算、分析市场等，也就是我们通常说的做沙盘的基本功。
- 博弈：是指通过对市场、产品的分析摸清对手的战略、广告甚至拿单策略等，是沙盘经营的精髓。
- 不犯错：很多人觉得这点的作用微乎其微，其实不然。很多时候失败了，我们会说是自己运气不好。其实，根源上都是因为犯了错。

总而言之，人生似沙盘、沙盘似人生，还有很多类似的道理需要我们慢慢体会。

2008年第四届国赛本科市场预测如图5-1所示。

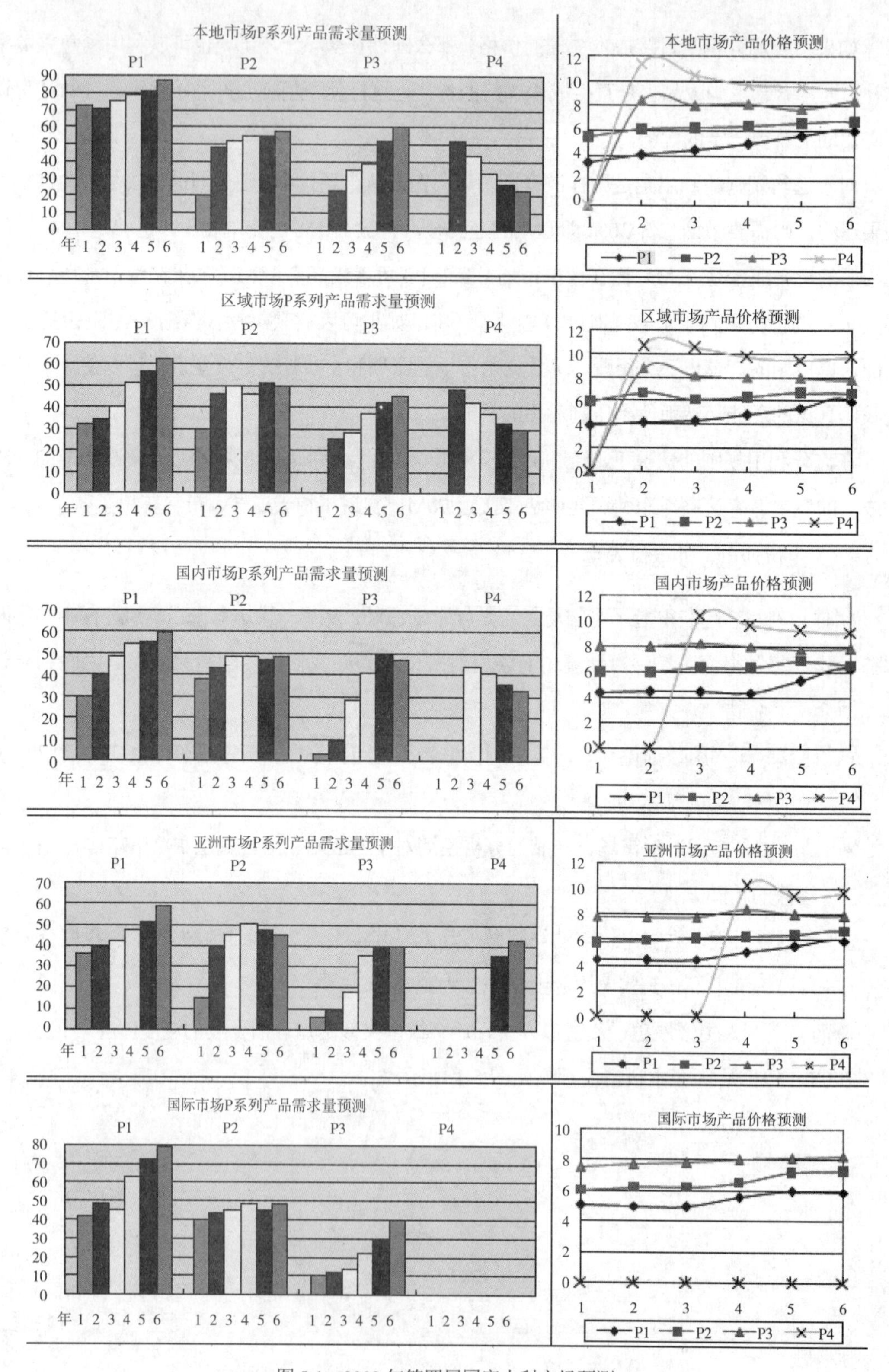

图 5-1　2008 年第四届国赛本科市场预测

2008年第四届国赛本科财务报表(包括综合费用表、利润表和资产负债表)如表5-9～表5-11所示。

表5-9 综合费用表

年度	第1年	第2年	第3年	第4年	第5年	第6年
管理费	4	4	4	4	4	4
广告费	0	2	9	9	12	17
维修费	0	8	10	10	20	12
损失	0	5	0	0	53	21
转产费	0	0	0	0	0	0
厂房租金	0	0	5	8	3	0
新市场开拓	5	3	2	1	0	0
ISO资格认证	1	1	2	2	0	0
产品研发	4	2	0	2	0	0
信息费	0	0	0	0	0	0
合计	14	25	32	36	92	54

表5-10 利润表

年度	第1年	第2年	第3年	第4年	第5年	第6年
销售收入	0	34	149	166	333	314
直接成本	0	16	72	80	122	130
毛利	0	18	77	86	211	184
综合费用	14	25	32	36	92	54
折旧前利润	−14	−7	45	50	119	130
折旧	0	0	12	15	15	19
支付利息前利润	−14	−7	33	35	104	111
财务费用	0	3	25	18	11	19
税前利润	−14	−10	8	17	93	92
所得税	0	0	0	0	23	23
年度净利润	−14	−10	8	17	70	69

表 5-11　资产负债表

年度	第 1 年	第 2 年	第 3 年	第 4 年	第 5 年	第 6 年
现金	11	6	8	7	17	26
应收款	0	24	53	41	128	273
在制品	0	16	20	20	32	14
产成品	0	0	0	0	4	0
原料	0	0	0	0	0	0
流动资产合计	11	46	81	68	181	313
厂房	40	40	0	0	40	70
机器设备	0	60	63	48	113	70
在建工程	25	10	0	75	0	0
固定资产合计	65	110	63	123	153	140
资产总计	76	156	144	191	334	453
长期负债	10	40	40	50	80	150
短期负债	20	80	60	80	100	80
所得税	0	0	0	0	23	23
负债合计	30	120	100	130	203	253
股东资本	60	60	60	60	60	60
利润留存	0	−14	−24	−16	1	71
年度净利	−14	−10	8	17	70	69
所有者权益合计	46	36	44	61	131	200
负债和所有者权益总计	76	156	144	191	334	453

各年度现金预算表如图 5-2～图 5-7 所示。

现 金 预 算 表(第一年)				
期初库存现金	60			
市场广告投入				
支付上年应交税				
支付长贷利息				
支付到期长期贷款				
新借长期贷款	10			
贴现所得				
季初库存现金	**70**	**68**	**66**	**84**
利息(短期贷款)				
支付到期短期贷款				
新借短期贷款			**20**	
原材料采购支付现金				
厂房租/购				40
转产费				
生产线投资				25
工人工资				
收到现金前所有支出				65
应收款到期				
产品研发投资	1	1	1	1
支付管理费用	1	1	1	1
设备维护费用				
市场开拓投资				5
ISO资格认证				1
其他				
季末库存现金余额	**68**	**66**	**84**	**11**

应收登记

销售订单汇总登记表

产品	P1	P2	P3	P4
数量				
销售额				
成本				
毛利				

订单

产品成分表

产品	组成成分	成本
P_1	R_1+1M	2
P_2	R2+R3+1M	3
P_3	R1+R3+R4+1M	4
P_4	R2+R3+2R4+1M	5

短贷利息	5%

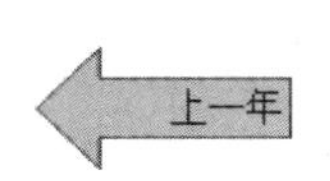

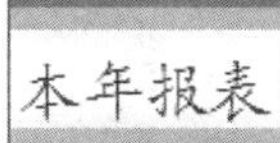

本年贴息	

图 5-2 第一年现金预算表

现 金 预 算 表(第二年)				
期初库存现金	11			
市场广告投入	2			
支付上年应交税				
支付长贷利息	1			
支付到期长期贷款				
新借长期贷款	30			
贴现所得				9
季初库存现金	**38**	**36**	**34**	**18**
利息(短期贷款)			1	
支付到期短期贷款			20	
新借短期贷款	**20**	**20**	**20**	**20**
原材料采购支付现金			14	10
厂房租/购				
转产费				
生产线投资	20	20	5	
工人工资			4	4
收到现金前所有支出	20	20	44	14
应收款到期				
产品研发投资	1	1		
支付管理费用	1	1	1	1
设备维护费用				8
市场开拓投资				3
ISO资格认证				1
其他				5
季末库存现金余额	**36**	**34**	**9**	**6**

应收登记

销售订单汇总登记表

产品	P1	P2	P3	P4
数量			4	
销售额			34	
成本			16	
毛利			18	

订单

物料清单

产品	组成成分	成本
P_1	R1+1M	2
P_2	R2+R3+1M	3
P_3	R1+R3+R4+1M	4
P_4	R2+R3+2R4+1M	5

短贷利息	5%

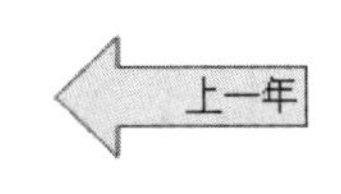

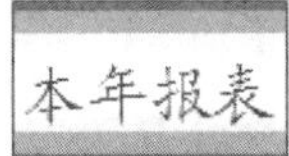

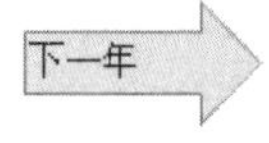

本年贴息	1

方案

图 5-3 第二年现金预算表

现 金 预 算 表(第三年)				
期初库存现金	6	应收登记		
市场广告投入	9			
支付上年应交税				
支付长贷利息	4			
支付到期长期贷款				
新借长期贷款				
贴现所得	56	21	22	27
季初库存现金	**49**	**22**	**22**	**44**
利息(短期贷款)	1	1	1	1
支付到期短期贷款	20	20	20	20
新借短期贷款		**20**	**20**	**20**
原材料采购支付现金	12	15	15	15
厂房租/购	5			
转产费				
生产线投资	5			
工人工资	4	5	5	5
收到现金前所有支出	47	41	41	41
应收款到期			17	
产品研发投资				
支付管理费用	1	1	1	1
设备维护费用				10
市场开拓投资				2
ISO资格认证				2
其他				
季末库存现金余额	**1**		**17**	**8**

回主页

销售订单汇总登记表

产品	P1	P2	P3	P4
数量			20	
销售额			166	
成本			80	
毛利			86	

订单

产品成分表

产品	组成成分	成本
P_1	R1+1M	2
P_2	R2+R3+1M	3
P_3	R1+R3+R4+1M	4
P_4	R2+R3+2R4+1M	5

短贷利息	5%

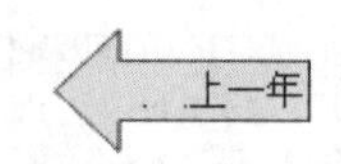

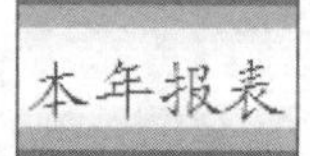

本年贴息	11

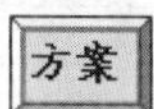

图 5-4 第三年现金预算表

现 金 预 算 表(第四年)				
期初库存现金	8	应收登记		
市场广告投入	9			
支付上年应交税				
支付长贷利息	4			
支付到期长期贷款				
新借长期贷款	10			
贴现所得	9	9	27	54
季初库存现金	**14**	**44**	**52**	**58**
利息(短期贷款)		1	1	1
支付到期短期贷款		20	20	20
新借短期贷款	**20**	**20**	**20**	**20**
原材料采购支付现金	15	15	15	15
厂房租/购		3		
转产费				
生产线投资	5	20	25	25
工人工资	5	5	5	5
收到现金前所有支出	25	64	66	66
应收款到期	32	26		10
产品研发投资			1	1
支付管理费用	1	1	1	1
设备维护费用				10
市场开拓投资				1
ISO资格认证				2
其他	5			
季末库存现金余额	**35**	**25**	**4**	**7**

销售订单汇总登记表

产品	P1	P2	P3	P4
数量			18	
销售额			149	
成本			72	
毛利			77	

订单

产品成分表

产品	组成成分	成本
P_1	R1+1M	2
P_2	R2+R3+1M	3
P_3	R1+R3+R4+1M	4
P_4	R2+R3+2R4+1M	5

短贷利息	5%

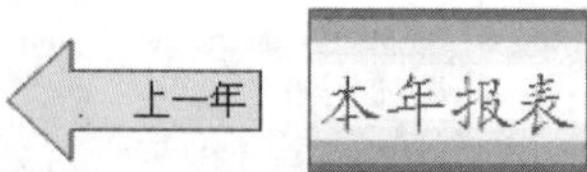

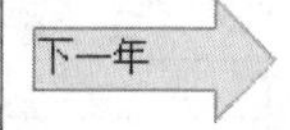

本年贴息	17

方案

图 5-5 第四年现金预算表

现 金 预 算 表(第五年)				
期初库存现金	7			
市场广告投入	12			
支付上年应交税				
支付长贷利息	5			
支付到期长期贷款				
新借长期贷款	30			
贴现所得	18			
季初库存现金	**38**	**35**	**62**	**64**
利息(短期贷款)	1	1	1	1
支付到期短期贷款	20	20	20	20
新借短期贷款	**40**	**20**	**20**	**20**
原材料采购支付现金	21	22	22	22
厂房租/购				
转产费				
生产线投资	5			
工人工资	9	10	10	10
收到现金前所有支出	56	53	53	53
应收款到期	54	64	72	36
产品研发投资				
支付管理费用	1	1	1	1
设备维护费用				20
市场开拓投资				
ISO资格认证				
其他	40	3	36	29
季末库存现金余额	**35**	**62**	**64**	**17**

应收登记

回主页

销售订单汇总登记表

产品	P1	P2	P3	P4
数量	11		25	
销售额	66		267	
成本	22		100	
毛利	44		167	

订单

产品成分表

产品	组成成分	成本
P_1	R1+1M	2
P_2	R2+R3+1M	3
P_3	R1+R3+R4+1M	4
P_4	R2+R3+2R4+1M	5

短贷利息	5%

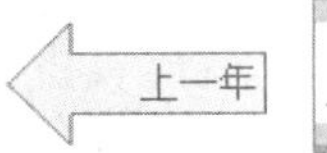

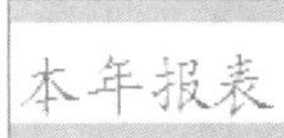

本年贴息	2

图 5-6 第五年现金预算表

现 金 预 算 表(第六年)				
期初库存现金	17			
市场广告投入	17			
支付上年应交税	23			
支付长贷利息	8			
支付到期长期贷款	10			
新借长期贷款	80			
贴现所得	54			
季初库存现金	**93**	**126**	**62**	**71**
利息(短期贷款)	2	1	1	1
支付到期短期贷款	40	20	20	20
新借短期贷款	**40**	**20**	**20**	
原材料采购支付现金	22	22	20	8
厂房租/购				
转产费				
生产线投资				
工人工资	10	10	10	6
收到现金前所有支出	74	53	51	35
应收款到期	68		41	
产品研发投资				
支付管理费用	1	1	1	1
设备维护费用				12
市场开拓投资				
ISO资格认证				
其他		30		-3
季末库存现金余额	**126**	**62**	**71**	**26**

应收登记

回主页

销售订单汇总登记表

产品	P1	P2	P3	P4
数量	17		24	
销售额	105		209	
成本	34		96	
毛利	71		113	

订单

产品成分表

产品	组成成分	成本
P_1	R1+1M	2
P_2	R2+R3+1M	3
P_3	R1+R3+R4+1M	4
P_4	R2+R3+2R4+1M	5

短贷利息	5%

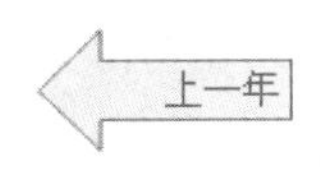

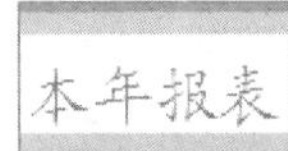

本年贴息	6

方案

图 5-7 第六年现金预算表

5.4 2011年第七届全国大学生创业设计暨沙盘模拟经营大赛心得

2011年第七届全国大学生创业设计暨沙盘模拟经营大赛终于在四川财经职业学院展开，来自全国的85所高校同台竞争，经过两天激烈的角逐，各个队伍的技术都得到了提升。

比赛采用“商战”实践平台，与往年相比，有以下几个创新点。

- 引入了租赁线，且租赁线前三年与后三年的租金是不同的。前三年租金为70W/年，后三年租金为55 W/年，可以先使用，年末付租金，且没有安装周期，优势较大，有助于初期扩大产能。此次比赛以“总成绩＝所有者权益×(1＋企业综合发展潜力/100)-罚分”作为最终评分依据。租赁线是不计小分的，但后三年租金较低，有利于提高所有者权益，所以对于后期是否改建，决策难度较大。
- 有选单(每年都有)和竞单(只在第3年和第6年有)两种市场方式，且两市场同时选单，但只可利用一台计算机进行操作，加大了比赛难度。
- 不提供市场预测，而是在赛前直接提供订单(包括选单和竞单)明细，在第一天比赛结束时，提供第5年和第6年的订单明细，加强了各队的博弈程度。
- P4产品“吃”P1，P5产品“吃”P2，双层物料结构，加大了计算难度。

总的来看，本次比赛市场容量虽然较宽松，但3个赛区(每赛区有28或29支队伍)竞争均较为激烈，破产队伍较少(每赛区不超过4支)。下面以B赛区第二名顺德职业技术学院(U04)队员的视角来剖析该赛区的战况，分享比赛心得[①]。

1. 赛前训练

2011年，广东省赛开始之前，我们作为上一年国赛小组的第一名，受到了其他学校的高度关注，因此压力很大。我们一点也不敢懈怠，常参加网赛，并虚心地向沙迷好友请教，学习比赛经验，以求发现自己的不足。

一个多月的网赛里，我们每个人独自运营一家公司，做到精打细算，刚开始一小时完成一年的运营，后来半小时完成一年的运营，在这个过程中，通过与其他高校队员的交流，运算的速度、思考问题和解决问题的能力都得到了很大提升。

除了加强训练，我们还拿出了历届大赛成功的方案进行分析，各个队员轮流发表自己的见

① 本心得的作者系顺德职业技术学院潘锦辉，本次比赛规则见bbs.135e.com。

解，以发现对手的竞争力，了解对手的心理和广告风格。

2. 赛前分析

从两年多的比赛经验中得出，取胜的基础是有一个好的方案。很多人会问，如何才能做出好的方案呢？我们始终认为好的方案应该以对人性的分析为基础。

现实社会中，人都是有贪婪之心的，不惜铤而走险、飞蛾扑火。在沙盘模拟比赛中，假设竞争对手都是贪婪的，那么他们就会选择毛利高的产品。这会导致产能过剩，销售困难，广告额加大，利润空间变少。制定方案时我们常会问自己，真的会有这么多人选择高利润产品吗？为了更好地做出决策，我们根据组委会提供的订单明细对每种产品的毛利和需求量进行了整理①，并预计了生产组数②，如表5-12所示。

表5-12 毛利、需求量及生产组数分析

产品	分类														
	毛利					需求量					生产组数				
	第2年	第3年	第4年	第5年	第6年	第2年	第3年	第4年	第5年	第6年	第2年	第3年	第4年	第5年	第6年
P1	32	34	28	35	37	207	188	250	310	178	15	15	18	21	24
P2	44	43	33	38	39	135	200	285	241	167	15	17	20	22	24
P3	54	47	46	44	46	110	167	267	284	303	18	18	22	24	24
P4	76	68	65	69	71	169	142	177	130	105	4	4	4	4	4
P5	89	87	91	100	93	40	79	126	171	193	8	12	14	16	20

需要注意的是，P4和P5是双层结构，即生产P4需要以P1为原料，生产P5需要以P2为原料。通过以上数据可以分析出各产品市场的需求特点，具体如下。

- P1产品需求量虽然大，但毛利偏低，只适合前期进行过渡时使用。
- P2产品需求量先增后减，毛利居中，适合前期稳健发展时使用。
- P3产品毛利较高，且比较平衡，前期需求量较少，第4年剧增，适合第4年突破发展时使用，前期使用可能会造成销售困难，正常情况下不适合在前三年使用。
- P4可以看成是P1+P2，其毛利与P1、P2之和相比并不占优势，前期需求量较大③，后两年有所下降。

---

① 由于竞单价格的不确定，故表中不包括竞单部分。

② 本赛区共28支队伍。

③ 一个P4需求相当于一个P1加一个P2，因此与P1、P2、P3需求量比较，P4实际需求量应将表中数字翻倍，P5同理。

➢ P5 可以看成是 2 个 P2，其毛利与 2 个 P2 相比有优势，且逐年上升，仅第 6 年略有下降，但其需求量前期严重偏少，所以只适合后期突破时使用。

3. 低调开局、艰难抉择

在经过系统的分析之后，我们决定“人弃我取”，低调开局，生产综合毛利最低的 P4。可是如何才能在这场博弈中将 P4 产品的优势发挥到极致呢？考虑到后期要抛弃 P4，在战略转折过程中会产生很多的费用及损失，我们以 4 条手工线和 4 条柔性线开局，并把前四年的方案演算出来。

比赛开始时，我们很低调，尽量避免“枪打出头鸟”的情况发生。果然，第 2 年通过商业情报得知 28 支队伍中只有 6 支队伍生产 P4，所以选单时非常宽松，我们以 30W 的广告费就把货出完。然而 P3 的状况比想象中的要“和谐”，只有 10 支队伍生产 P3，这使得生产 P3 的队伍快速发展。

接下来，第 3 年准备生产哪种产品，成为最关键的问题了。此刻，更考验的是如何面对人性的弱点，我们认为，既然第 2 年 P3 竞争不激烈，那肯定就有其他未生产 P3 的队会反思自己的决策，随之会加开租赁线生产 P3 产品。鉴于此，我们决定避开风口浪尖，生产 P2，让其他组在 P3 市场继续竞争，这样后期对于我们来说就比较有利了。果然，第 3 年增加了 2 支队伍生产 P3，但此时效果还是不理想，我们开始反思自己的方案是否合理。第 1 天比赛结束时，我们去了解了其他两个赛区 P3 市场的情况，均有 16 支以上的队伍在做，与其相比，B 区的 P3 市场显得更“和谐”，队伍普遍比较保守，我们不禁感慨：真是“人算不如天算”。

4. 临危不惧、沉稳应变

第 3 年，我们计划使用 4 条租赁线生产 12 个 P2，同时继续以 P4 为主打产品。我们原来设想过，如果只有 4 支队伍生产 P4，就可以在竞单会上把 12 个货都出完，而且价格与交货期都比较有利，这样对后期的发展极有帮助。但赛场上的情况往往和想象的不一样，实际有 7 支队伍生产 P4，且在查看广告时发现，他们都有向竞单会出货的迹象，但竞单会只有 23 个 P4 需求，是绝对不够 7 支队伍分的，竞争的天平已然偏向了 P3。既然生产 P4 的队伍较为保守，那么在这个关键时刻我们只有孤注一掷，才有胜出的机会。

当年的 P4 广告，我们只投了两个市场，而且都是 10W，仅仅是为了留条后路。实际选单时，我们不断地记录 P4 队伍的接单情况，粗略地计算出他们留给竞单市场的产能不多后，做了一个很大胆的决定——按照原计划把 P4 全部压到竞单市场。

竞单会中 23 个 P4 被分在了 8 张订单中，每张订单中的数量分别为 2、3、4、3、3、2、3、

3，因此我们最少要接到4张订单才能把货出完。我们在纸上事先已经把全部P4订单的价格写好了，第一张P4竞单是为了“试水”，看一下其他队伍的反应。原本以为不会有太多人抢单，所以我们始终抱着侥幸心理，希望以3倍价格(即最高价)得单，然而3倍价格没有出现，成交价在140W左右，单也没有落在我们手上。转眼之间，P4订单只剩下5张了，而我们一张单都没有接，我们不敢想象如果再抢不到单，接下来将会发生什么情况！

在这个关键时刻，全体队员的注意力都高度集中，不断修改预先单价，从150W改为135W，又从135W改为133W，经过一次又一次地修改，最终把价格定为3个P4总额400W，但交货期和应收账期基本上都是最差的。

我对当时抢单的情景记忆犹新，短短几分钟就已经汗流浃背。出价的时候，我的手自接触沙盘比赛以来第一次颤抖。因为交货期和应收账期都很差，所以得分很高，最后顺利地在5张订单之中抢回来4张。整个竞单过程中，我们没有出现一点错误，虽然利润不高，但也可以紧随生产P3的队伍。

赛后与A赛区、C赛区的队伍交流，有两组与我们采用相同方案的队伍均在第3年抢单过程中由于紧张出现了填错交货期等情况，其中一组直接导致破产。可见遇到紧急情况时注意力必须高度集中，不能犯低级错误，这是对参赛队员最基本的要求。

5. 路遥知马力

有惊无险地度过了企业经营的第3年，接下来的3年比的就是耐力了。对于前期生产P4的我们来说，重新安排生产线和重新选择产品都很重要，此时每种产品的利润都差不多，我们选了P2和P3，选择P2是为了避开竞争保持正常经营，选择P3是为了适当打压其他队伍。

为了达到更高的产能，很多队伍在第4年开始使用租赁线适应市场需求。但是我们认为租赁线不加分，如果第4年才开始使用，到了后期转为自动线不值得，所以我们提前在第3年新建了4条自动线，第4年的产能达到了52个，尽管库存中剩了几个货没有出，但第4年的净利润为454W，权益居整个赛区第二，这为我们拾回了不少信心。

产能远远没有达到最大，我们第4年第3季度果断将生产P4产品的手工线卖掉，抓紧时间建线，第5年第2季度投入使用，当年每条生产线就能产出两个产品，合计56个产能，第5年净利润为673W，排在第四位，权益已经超出第二名近100W，名列第一。后面的队伍已经形成了两种群体，一种是力争拿名次的，另一种是保证不破产的。通过商业情报得知，还有几支队伍有机会实现反超，得知该情况之后，我们全体出动，对这几支队伍的产能及生产线建设情况进行了分析，结论是如果这几支队伍按照正常价格接单，即竞单会不出现3倍成本价拿单的情况，就不会超过我们。

最激烈的第 6 年终于来了，因为当年市场相对比较宽松，我们只投了 425W 广告费，其他有反超能力的队伍均投了 550W 以上，这让我们放松了不少。选单会上我们很容易地就把 P2 销售完了，而主打产品 P3 只剩下 6 个库存，打算在竞单会以 3 倍成本价拿单。可是这毕竟是国赛，第 3 年的 P4 竞单没有得到好处，第 6 年也同样。竞单的时候，大多数队伍都想杀出重围，纷纷高价竞单，但偏偏有一些队伍低价出货，导致整个竞单会的平均单价都只有成本价的 2 倍甚至更低。在抢不到单的情况下，我们果断改变战略，把 P3 的价格都调低到 75W/个左右，交货期最前，应收账期最后，顺利地把 6 个库存全出了。粗略地计算了一下权益，估计没人能追得上了。

俗话说“骄兵必败”，真是没错。正是因为我们过分轻敌，才给了其他队伍可乘之机。第 6 年竞单时，U21 抢到了一张 3 倍价格的 P4 订单，交货期是 3，应收账期是 4。在以往的比赛中，在第 6 年竞争如此激烈的情况下是不会发生这种事的。就是因为这张单，U21 把权益拉近了很多。最终结束时，我们的权益是 2 588W，U21 的权益是 2 527W，但 U21 的生产线全是柔性线，而我们只有 6 条柔性线，其他都是自动线，导致最终得分比他们少 315 分。

比赛结束之后我们通过计算发现，如果当时 U21 仅以正常价抢到这张订单，权益就会再下降 100W 左右，而最后恰恰是这 100W 左右的权益，U21 才得以胜出。

安于现状且过分轻敌令我们十分后悔，路遥知马力，没有把每一步都计算好，就有可能失败。遇到这种情况应该每一张单都以 3 倍成本、交货期为 1、应收账期为 4 出价，以防其他队伍抢到好单。

事实证明我们还是经验不足，仍有很大的提升空间。

6. 赛后反思

针对各产品不同年份的生产组数，我们将预测生产组数与实际生产组数进行了比较，结果如表 5-13 所示。

表 5-13 生产组数比较

产品	生产数组									
	预测生产组数					实际生产组数				
	第 2 年	第 3 年	第 4 年	第 5 年	第 6 年	第 2 年	第 3 年	第 4 年	第 5 年	第 6 年
P1	15	15	18	21	24	6	8	8	11	12
P2	15	17	20	22	24	17	16	12	10	14
P3	18	18	22	24	24	10	12	14	15	13
P4	4	4	4	4	4	6	7	6	7	9
P5	8	12	14	16	20	7	9	16	16	15

从上表中可以看出，预测的生产组数与实际的生产组数差别较大的是P1、P2、P3产品，也就是说，在B赛区中大部分参赛队都倾向于避开竞争，从低利润产品入手进行侧面打击，再发展到高利润产品进一步拓宽发展空间，最终决定胜局。

U21能实现反超，我们认为这不仅仅是偶然，他们前期生产P3，这必须有过人的胆识；中期转产P5，证明他们也在不断观察市场，然后进行相应调整；最后一年，突然转产P4，也是因为没有完成销售量而做出的临时调整。可见他们临场应变能力相当强，有勇有谋。虽然在这场比赛中我们没有取得最好的成绩，但遇到了高手，实在痛快。

纵观整个B赛区，5种产品竞争最激烈的是P5，然而P5利润太高了，虽然单个市场的广告额平均超100W，但还是有非常大的利润空间。从第3年有9组生产P5到第4年有15组生产P5就可以说明，大部分想胜出的队伍都不会放过P5这块“肥肉”。

此外，大部分队伍都有一个同样的想法：要赢得比赛，就必须要选择利润最高的两种产品。比赛数据也反映了这一点，生产P5的组基本上都会生产P3。为了达到最高净利润，不惜花巨额广告费抢单。而生产P1、P2、P4产品的组则是小本经营，默默地跟在后面，寻求突破。

生产线方面，很多队伍都选择了使用自动线或柔性线开局，第3年市场扩张再增加租赁线，等后期资金充裕就把租赁线换成自动线以求加分。

广告方面，竞争其实并不激烈，主要是因为前期P3竞争不激烈，后期生产P5的队伍并没有想象得多，相比其他赛区，B区的广告费较低。

2011年第七届全国大学生创业设计暨沙盘模拟经营大赛财务报表(包括综合费用表、利润表、资产负债表)如表5-14～表5-16所示。

表5-14 综合费用表

年度	第1年	第2年	第3年	第4年	第5年	第6年
管理费	40	40	40	40	40	40
广告费	0	30	112	266	387	455
维护费	0	100	380	380	240	320
损失	0	0	0	80	220	0
转产费	0	0	0	0	0	0
租金	0	88	176	176	88	0
市场开拓费	50	30	20	10	0	0
产品研发费	60	70	30	0	40	0
ISO认证费	25	25	0	0	0	0
信息费	0	0	0	0	0	0
合计	175	383	758	952	1 015	815

表 5-15　利润表

年度	第 1 年	第 2 年	第 3 年	第 4 年	第 5 年	第 6 年
销售收入	0	1 085	2 386	3 691	4 331	4 380
直接成本	0	400	930	1 720	1 960	1 990
毛利	0	685	1 456	1 971	2 371	2 390
综合费用	175	383	758	952	1 015	815
折旧前利润	−175	302	698	1 019	1 356	1 575
折旧	0	0	200	160	280	420
支付利息前利润	−175	302	498	859	1 076	1 155
财务费用	0	100	207	253	179	324
税前利润	−175	202	291	606	897	831
所得税	0	7	73	152	224	208
年度净利润	−175	195	218	454	673	623

表 5-16　资产负债表

年度	第 1 年	第 2 年	第 3 年	第 4 年	第 5 年	第 6 年
现金	85	254	3	721	409	1 785
应收款	0	548	998	1 197	2 576	2 976
在制品	0	160	400	440	430	0
产成品	0	0	30	120	70	0
原料	0	0	0	0	0	490
流动资产合计	85	962	1 431	2 478	3 485	5 251
厂房	440	0	0	0	880	1 760
机器设备	0	940	740	1 080	1 500	1 680
在建工程	800	0	600	400	200	0
固定资产合计	1 240	940	1340	1 480	2 580	3 440
资产总计	1 325	1 902	2 771	3 958	6 065	8 691
长期贷款	0	200	784	1 084	1 624	3 643
短期贷款	900	1 075	1 076	1 430	2 252	2 252
特别贷款	0	0	0	0	0	0
所得税	0	7	73	152	224	208
负债合计	900	1 282	1 933	2 666	4 100	6 103
股东资本	600	600	600	600	600	600

(续表)

利润留存	0	−175	20	238	692	1 365
年度净利	−175	195	218	454	673	623
所有者权益合计	425	620	838	1 292	1 965	2 588
负债和所有者权益总计	1 325	1 902	2 771	3 958	6 065	8 691

5.5　五年期典型比赛规则市场运营解析

近几年，沙盘比赛在很多省份被列为 A 类比赛，受到了越来越多学校的重视，为了控制比赛时间，沙盘经营由六年期改为五年期，并要求尽量在一天内完成。为了让大家更好地适应新形势下的比赛规则，本节以典型的五年期比赛规则为例，进行市场运营解析①。

1. 竞赛规则的解读

沙盘规则可以分为一级规则和二级规则。其中一级规则就是竞赛规则表面文字所阐述的内容。二级规则是由一级规则衍生出来的，是竞赛规则背后的隐形属性，竞赛中掌握一级规则是最基础的要求，二级规则是帮助我们做出关键决策的依据。不同种类的生产线，生产周期和购置费等不同，我们需要将其隐藏的属性解读出来。接下来，我们以 650W 初始金额为例进行解读。

1) 生产线的解读

典型生产线规则如表 5-17 所示。

表 5-17　典型生产线规则

名称	投资总额	季度投资额	安装周期	生产周期	季度转产费	分值
手工线	35W	35W	0 季	2 季	0W	0
自动线	140W	70W	2 季	1 季	20W	8
柔性线	180W	60W	3 季	1 季	0W	10
租赁线	0W	0W	0 季	1 季	20W	0

典型生产线折旧规则如表 5-18 所示。

① 本节作者系资深沙盘讲师莫家健。

表 5-18　典型生产线折旧规则

名称	转产周期	维护费	残值	折旧费	折旧年限
手工线	0 季	8W/年	5W	10 W	4 年
自动线	1 季	20W/年	20W	30W	4 年
柔性线	0 季	20W/年	20W	40W	4 年
租赁线	1 季	70W/年	−70W	0W	不提

每种生产线的优缺点如下。

手工线：安装费、维护费、折旧费低，无转产周期与转产费，可以灵活转产，但是生产周期长。

自动线：安装费、折旧费比柔性线低，但是无法灵活转产。

柔性线：费用偏高，但是具有良好的机动性，可以随时根据订单情况调整生产方向。

租赁线：无安装周期，当订单过多时，可以随时利用租赁线紧急增加产能，但是维护费高。

2) 产品研发的解读

典型产品规则如表 5-19 所示。

表 5-19　典型产品规则

名称	加工费	季度开发费	开发时间	直接成本	产品组成
P1	10W	8W	2 季	20W	R1
P2	10W	9W	2 季	30W	R2+R3
P3	10W	10W	3 季	40W	R1+R3+R4
P4	10W	11W	4 季	50W	R2+R3+P1
P5	10W	12W	5 季	60W	R1+R4+P2

产品研发要与生产线相结合，不同的产品策略要搭配不同的生产线组合。那么如何将生产线与产品研发进行有机结合呢？

我们常用的开局研发组合有 P1P2、P1P3、P2P3、P3、P1P4、P2P5 等。在选择生产线时，需要注意所选的产品组合的研发周期。若选择了研发周期大于 5 的产品，那么在开局时就必须选择若干条无转产周期的柔性线。

投资生产线时，目光应该放长远，充分考虑后期的运营情况，不要轻易地全部使用有转产周期的生产线，防止在接单时，出现因生产线不可转产而造成一部分产品不够卖、另一部分产品又卖不掉的情况。对于这种情况，无转产周期的生产线就可以灵活应对。

3) 融资的解读

典型融资规则如表 5-20 所示。

表 5-20 典型融资规则

<table>
<tr><th>贷款类型</th><th>贷款时间</th><th>贷款额度</th><th>年息</th><th>还款方式</th><th>备注</th></tr>
<tr><td>长期贷款</td><td>每年年初</td><td rowspan="2">所有长短贷之和不超过上一年权益的 3 倍</td><td>10 %</td><td>年初付息，到期还本</td><td rowspan="2">不小于 10W</td></tr>
<tr><td>短期贷款</td><td>每季度初</td><td>5 %</td><td>到期一次还本付息</td></tr>
<tr><td rowspan="2">资金贴现</td><td rowspan="2">任何时间</td><td rowspan="2">视应收款额而定</td><td>1 季，2 季：7 %</td><td rowspan="2">变现时贴息</td><td>1，2 期联合贴现</td></tr>
<tr><td>3 季，4 季：8 %</td><td>(3，4 期同理)</td></tr>
<tr><td>库存拍卖</td><td colspan="5">100 %(产品)、80 %(原料)</td></tr>
</table>

解读融资规则时，不仅要考虑长短贷尾数，还要重点关注贴现时的贴息。在制定商战方案时，若遇到现金出现 30W～50W 的缺口，则可以通过厂房贴现的方式解决。笔者将在下文中的厂房解读中详述。

4) 厂房的解读

典型厂房规则如表 5-21 所示。

表 5-21 典型厂房规则

名称	购买价格	租用价格	出售价格	生产线容量	使用上限
大厂房	400W	40W/年	400W	5	4
中厂房	240W	30W/年	240W	4	4
小厂房	180 W	20W/年	180W	3	4

如何选择厂房？是使用大厂房还是小厂房？厂房大小的选择与市场竞争环境有直接的关系。当市场偏小时，厂房总容量很难用完，所以这时可以考虑使用中小厂房进行布局；若市场偏大，有机会将所有大厂房建满生产线并且有机会将所有产能全部售罄，则尽量考虑使用大厂房。

什么时候适合以租厂房开局？什么时候适合以买厂房开局？当市场比较大，需要更多的生产线生产产品以满足市场的需求量时，通常会选择租厂房开局，把有限的资金用于建线扩产。当初始金额比较高，市场需求量比较小，多建线生产出来的产品销售不出去，有较大的库存风险时，则考虑以买厂房开局。

什么情况下适合第 1 年买厂房第 2 年卖出？当第 2 年交单之前出现 30W～50W 现金流缺口时，则可以考虑第 1 年买厂房第 2 年卖出。例如，本规则中的大厂房就是在第 1 年买入第 2 年卖出的，第 1 年买厂房可以在第 1 年年末时将所有者权益增加 40W，从而使第 2 年年初的总贷款额度增加 120W，第 2 年年初将厂房贴现，贴息为 32W(400×0.08)，第 2 年需要交厂房租金 40W，在该贴息规则下，直接租用厂房与先购买后卖之间的差别是，若直接租用则第 1 年和 2 年的租金为 80W；若先买后卖，则第 1 年没有租金，第 2 年租金和贴息的费用为 72W，比直接租用节约了 8W，并且第 2 年多获得了 120W 的贷款额度。所以在贴息比较低，且现金流有缺口的情况下，优先采用先买后卖的方式。

5) ISO 认证的解读

典型 ISO 规则如表 5-22 所示。

表 5-22 典型 ISO 规则

名称	每年开发费	开发时间	分值
ISO9000	10 W	2 年	10
ISO14000	15 W	2 年	10

企业运营接单时，部分订单要求具有相应的 ISO 资质。若没有相应的 ISO 投资则没有该订单的接单权限。进行 ISO 研发投资会降低第 1 年权益，导致第 2 年贷款额度减少；若不进行 ISO 研发投资，则有机会多建生产线，扩大企业经营规模，实现规模效益。如果规则中初始金额比较高，ISO 研发费比较低，则可以考虑把 ISO9000、ISO14000 都开发，避免在接单时受到限制，即使 ISO 研发费偏高，在无详单的情况下，也应当将两者都开发，避免选单时因为没有相应资质而无法接单，从而出现滞销的情况，影响企业的正常运营。

那什么情况下可以延后开发或不开发 ISO？近几年的比赛都会下发详单，可以通过查看所做产品每年的 ISO 认证要求来决定何时开发 ISO。例如，选择做 P1P4，而详单中第 3 年 P4 订单没有 ISO 14000 要求，第 4 年只有极少数的订单有 ISO 14000 要求，第 5 年大部分订单都有 ISO 14000 要求，那么就可以在第 3 年开始投资 ISO 14000，这样，第 1 年和第 2 年将会比提前投资 ISO 14000 的选手多出 30W 权益，并多出 90W 贷款额度，也就意味着现金流比对手更顺，费用更低。

6) 重要信息整合

将规则中的重要信息进行整合，可以得到如图 5-8 所示的推理结果。

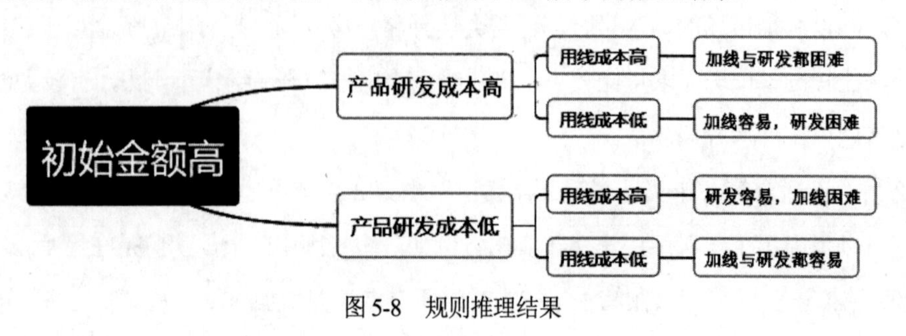

图 5-8 规则推理结果

按照同样的思路，可以整理出初始金额中等及初始金额较低的情形下，各企业面临的经营环境。想一想，在不同的竞争环境下，应制定怎样的经营策略。

沙盘的规则和市场千变万化，但也有一定的规律可循。高手不是一日就能练成的，想要成为高手，勤奋苦练必不可少，掌握正确的方法更重要。学会用数据分析问题，跳出沙盘，从“上帝”视角看待沙盘，将沙盘看成一场游戏，根据规则和市场的情况，做出自己的预判，逐渐形成自己独特的视角和思维方式。

2. 市场预测的解读(20组选手)

1) 市场均价预测

有关市场均价的预测如表5-23所示。

表5-23 市场均价预测表

年份	产品	本地	区域	国内	亚洲	国际
第2年	P1	51.92	52.05	51.44	0	0
第2年	P2	71.89	71.53	73.56	0	0
第2年	P3	85.47	85.96	87.26	0	0
第2年	P4	130	132	0	0	0
第2年	P5	146	0	148.56	0	0
第3年	P1	0	51.15	53.91	51.11	0
第3年	P2	71.81	72.56	71.96	0	0
第3年	P3	82.54	0	0	88.88	0
第3年	P4	119.83	119	0	119.88	0
第3年	P5	138.45	141.91	137.06	0	0
第4年	P1	53.88	51.9	52.6	0	52.08
第4年	P2	69.33	69.62	0	73.09	67.7
第4年	P3	83.42	81.64	77.33	0	82.67
第4年	P4	127.57	0	122.31	122.89	122.4
第4年	P5	141.5	146.18	0	148.42	144.46
第5年	P1	53.45	53.18	0	51.64	53.84
第5年	P2	73.59	71.81	0	69.52	70.9
第5年	P3	81.88	0	82.35	83.88	82.83
第5年	P4	130.44	124.94	130.18	0	130.88
第5年	P5	0	144.33	131.44	155.47	142.5

2) 市场需求量预测

有关市场需求量的预测如表5-24所示。

表5-24 市场需求量预测表

年份	产品	本地	区域	国内	亚洲	国际
第2年	P1	25	22	25	0	0
第2年	P2	19	19	25	0	0
第2年	P3	19	25	19	0	0
第2年	P4	24	16	0	0	0
第2年	P5	22	0	16	0	0
第3年	P1	0	39	33	38	0
第3年	P2	42	36	27	0	0
第3年	P3	24	0	0	25	0
第3年	P4	18	21	0	24	0
第3年	P5	20	22	18	0	0
第4年	P1	32	30	20	0	26
第4年	P2	27	16	0	22	30
第4年	P3	24	14	33	0	27
第4年	P4	21	0	16	19	15
第4年	P5	12	17	0	19	13
第5年	P1	20	22	0	14	58
第5年	P2	29	26	0	27	30
第5年	P3	16	0	17	25	18
第5年	P4	18	18	17	0	26
第5年	P5	0	21	16	17	14

3) 市场订单张数预测

有关市场订单张数的预测如表5-25所示。

表5-25 市场订单张数预测表

年份	产品	本地	区域	国内	亚洲	国际
第2年	P1	9	8	9	0	0
第2年	P2	7	7	9	0	0
第2年	P3	7	9	7	0	0

(续表)

年份	产品	本地	区域	国内	亚洲	国际
第 2 年	P4	9	6	0	0	0
第 2 年	P5	8	0	6	0	0
第 3 年	P1	0	13	10	11	0
第 3 年	P2	12	10	10	0	0
第 3 年	P3	7	0	0	10	0
第 3 年	P4	7	8	0	9	0
第 3 年	P5	7	7	6	0	0
第 4 年	P1	15	10	9	0	11
第 4 年	P2	12	8	0	11	8
第 4 年	P3	11	7	12	0	11
第 4 年	P4	8	0	7	8	7
第 4 年	P5	6	9	0	8	7
第 5 年	P1	8	10	0	7	19
第 5 年	P2	11	12	0	12	13
第 5 年	P3	8	0	8	10	8
第 5 年	P4	8	7	8	0	11
第 5 年	P5	0	9	7	8	6

4) 需求量变化分析

将系统中的市场预测做进一步处理，就会得到一张产品需求量变化表，如表 5-26 所示。

表 5-26 产品需求量变化表

产品	第 2 年	第 3 年	第 4 年	第 5 年
P1	72	110	108	114
P2	63	105	95	112
P3	63	49	98	76
P4	40	63	71	79
P5	38	60	61	68
市场总量	276	387	433	449
组均量	13.8	19.35	21.65	22.45

分析上面的产品需求量变化表，将会有以下发现。

P1 和 P2：第 3 年有较大增长，第 4 年和第 5 年趋于平缓，波动小。

P3：波浪形变动曲线，每年的波动比较明显。

P4：逐年走高，每年都有不错的增幅。

P5：缓慢增长，第 3 年有一波小高峰，后期变化不明显。

从产品的需求量变化上看， P1、P2 产品的需求量是 5 种产品中较大的，有机会走量；P3 产品在第 3 年将会面临较大的库存风险；P4 产品的需求量逐年走高，有机会持续销售；P5 产品的需求量增长缓慢。因此，我们可以得出一个结论：在本预测中，开局的产品组合中，P1P4 为优质产品组合，P3 为劣质产品，P2P5 为普通型产品组合。根据该结论选择产品进行开局布局，胜率将会大大提高。

5) 市场毛利预测

有关市场毛利的预测如表 5-27 所示。

表 5-27　市场毛利预测表

年份	产品	本地	区域	国内	亚洲	国际
第 2 年	P1	31.92	32.05	31.44		
第 2 年	P2	41.89	41.53	43.56		
第 2 年	P3	45.47	45.96	47.26		
第 2 年	P4	40.23	41.44			
第 2 年	P5	43		44.28		
第 3 年	P1		31.15	33.91	31.11	
第 3 年	P2	41.81	42.56	41.96		
第 3 年	P3	42.54			48.88	
第 3 年	P4	34.915	34.5		34.94	
第 3 年	P5	39.225	40.955	38.53		
第 4 年	P1	33.88	31.9	32.6		32.08
第 4 年	P2	39.33	39.62		43.09	37.7
第 4 年	P3	43.42	41.64	37.33		42.67
第 4 年	P4	38.785		36.155	36.445	36.2
第 4 年	P5	40.75	43.09		44.21	42.23
第 5 年	P1	33.45	33.18		31.64	33.84
第 5 年	P2	43.59	41.81		39.52	40.9
第 5 年	P3	41.88		42.35	43.88	42.83

(续表)

年份	产品	本地	区域	国内	亚洲	国际
第 5 年	P4	40.22	37.47	40.09		40.44
第 5 年	P5		42.165	35.72	47.735	41.25

注：P4P5 为复合产品，所以计算该产品的毛利时，需要除以 2。

请读者根据产品需求量变化表和毛利表去寻找每个产品的机会点在哪里，并说一说选择做低毛利和高毛利的产品分别应该注意哪些问题。

3. 做方案的技巧

根据规则参数，做好现金流预算，知道自己能做什么，极限在哪里，即先“知己”。做开局现金流预算，需要严格做到第 2 年交单之后，查看现金流是否允许。例如，当我们选择 P1P4 产品组合时，是否可以直接上 8 条自动线？如果盲目上线而不顾及现金流，则可能会因现金断流而破产。所以我们需要根据规则参数将现金流预算至少做到第 2 年交单之后。

收入－成本＝利润，通过该公式可知提高利润有两条途径，即提高收入和降低成本。

(1) 提高收入。企业资金是有限的，如果走高端市场，经营成本就会偏高，用于建线排产的资金就会变少，但是因为毛利高，所以高端产品产能可以略低于组均量。如果企业选择走低端产品销售线路，那么产能只有大于组均量才有赢的机会。因为在同等数量的销售中，低端产品的毛利跟不上，自然就没有战胜对手的机会。

(2) 降低成本。在企业运营中，降低成本主要通过控制长短贷利息、厂房租金、应收款贴息及广告费四个方面费用，如图 5-9 所示。

图 5-9 降低成本

(3) 方案三要素。许多选手在比赛时，成绩时好时坏，发挥不稳定，市场比较宽松时，认为自己运气好，成绩就还不错；市场拥挤的时候，觉得是自己运气不好，成绩便不理想。将成绩的好坏归于运气的想法是不对的。一个高手宽松市场时可以稳居第一，市场拥挤时也可以打进前三，为什么高手能达到这种效果呢？这和方案的优劣有很大关系。如何才能算得上是优秀方案呢？满足灵活性、盈利性、发展性三大要素(见图 5-10)的方案可以算是一套好方案。只要方案运用得当，无论开局市场拥挤还是宽松，都可以名列前茅。

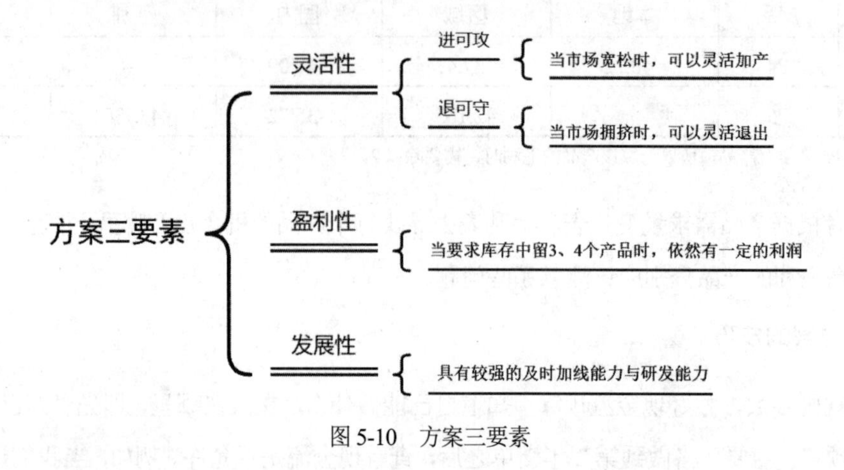

图 5-10 方案三要素

4. 广告投放的技巧

在沙盘比赛中，常有“得广告者得天下”的说法，特别是在各组方案相似度极高的情况下，广告便是决定比赛胜负的关键点。广告是沙盘中比较难的知识点，需要参照多个维度进行综合考虑。基本思路如下：市场空，少投广告；市场挤，多投广告。

1) 搜集商业情报

做沙盘需要“知己知彼”，搜集商业情报则是“知彼”中最重要的一个环节。那么如何搜集商业情报信息？需要搜集哪些信息？比赛的组数较多，想要搜集所有组的所有生产信息是比较困难的，因此只需要搜集与自己采用相同产品策略的小组的信息即可。例如，第 2 年某选手做 P1P4 产品，若该选手当年只卖 P4 产品，则只需要搜集其他组的 P4 生产信息即可，可将搜集到的信息制作成如表 5-28 所示的商业情报表。

表 5-28 商业情报表(P4 产能表)

组号	第 1 季度交货	第 2 季度交货	第 3 季度交货	第 4 季度交货
01 组	0	2	2	2
05 组	0	3	3	3
08 组	0	3	3	3
09 组	0	2	2	2
11 组	0	4	4	4
合计	0	14	14	14

2) 商业情报与详单对比分析

假设我方为11组。根据商业情报表(见表5-28)我们可以统计出5个组的P4产能为42。这时我们再去查看产品需求量变化表(见表5-26)，产品需求量变化表中的P4第2年的需求量为40，说明第2年市场过剩2个P4。然后查看详单的交货期情况和订单张数。假设本地市场详单和区域市场详单如表5-29和表5-30所示。

表5-29 本地市场详单

数量	交货期	账期	总价
4	4	2	520
4	4	1	515
3	4	1	395
3	4	2	390
3	3	1	385
2	3	1	265
2	3	2	260
2	2	2	260
1	2	0	130

表5-30 区域市场详单

数量	交货期	账期	总价
4	4	1	528
3	4	1	396
3	3	2	396
2	3	1	264
2	2	2	264
2	2	0	264

根据商业情报情况及详单情况先推断对手会如何投放广告，再决定自己如何投放广告。

在商业情报表中01组和09组4个季度的产能都为0、2、2、2，若这两组想在第2年将产能全部消化掉，则可以选择在本地市场多投广告，第一轮接4个交货期为4的订单，回单接2个交货期为2的订单，区域市场不投广告。若他们不想卖4个季度的下线产品，则在本地市场和区域市场各投10W广告费即可。按照同样的方法，分析05组和08组广告投放的可能性，可以断定01、05、08、09组均不会在区域市场投放过多广告费。

3) 广告投放实施

因为对手大概率不会在区域市场重点投放广告，所以区域市场是本组(即11组)的机会。11组只需要投放超过30W的广告费就有机会吃回单(即行使第二次选单权利)，大概率可以卖出6个，而在本地市场只要保证能压倒一个组就能吃回单。综上所述，11组在本地市场和区域市场中将广告费都控制在30W～40W最为合适，且本地市场可以再略高一点。

5. 配单技巧

在沙盘比赛中我们经常会看到两个组投放的广告总额相差不大，但接单量差别很大的情况，甚至有时广告投放低的组最后的接单总量反而比广告投放高的组还多，这是为什么？其实这就是配单技巧问题。配单指的是在各个细分市场配置订单，使广告效益最大化。配单一般遵循 4 个原则——从量原则、从价原则、从交货期原则、从账期原则。

(1) 从量原则。当首轮配单发现无论如何都无法消化所有产能时，优先选择数量大的单子，尽可能多卖，少留库存。

(2) 从价原则。首轮配单发现选单各细分市场顺序都比较靠前，能轻松满单时，优先选择搭配价格高的单子(数量少一点也没关系)，配出更高的总价。

(3) 从交货期原则。当通过搜集商业情报发现 1 期、2 期能交货产品较少时，应优先选交货期为 3 期、4 期的单子，坐等 1 期、2 期回单。

(4) 从账期原则。选单前先把当年的现金流梳理一遍，当发现现金流比较吃紧，需要贴现比较多时，优先选择账期短可以快速回款的单子。

当广告下发后，在选单之前，应将各个细分市场的选单顺序排列出来，并标出自己最有可能选的单。以本地、P1 细分市场为例，U01 广告选单排序情况如表 5-31 所示，订单明细如表 5-32 所示。

表 5-31　U01 广告选单排序情况

产品	本地	区域	国内	亚洲	国际
P1	3				
P2					
P3					
P4					
P5					

表 5-32　订单明细

编号	市场	产品	数量	总价	交货期	账期
001	本地	P1	5	252	4	1
002	本地	P1	4	205	4	2
003	本地	P1	3	163	4	1
004	本地	P1	3	148	3	1
005	本地	P1	2	107	4	0
006	本地	P1	2	102	3	1
007	本地	P1	2	101	3	2

将表 5-32 中的总价、交货期、账期等因素，由好到差排列，可以得出：第 3 个选单，编号为 003 的订单是最有可能选的单。

6. 加线与研发

在沙盘比赛中，加线与研发是每个团队必须经历的决策环节，适时适量地加线可以扩大规模，从而增加利润。但当企业自身现金流不允许或者市场竞争环境过于激烈时，加线与研发反而会拖垮企业，甚至导致破产。

1) 梳理加线与研发情况

什么时候应该加线？应该加几条线？这是诸多沙盘选手在比赛中都会遇到的问题。下面对是否需要加线做一个梳理，如图 5-11 所示。

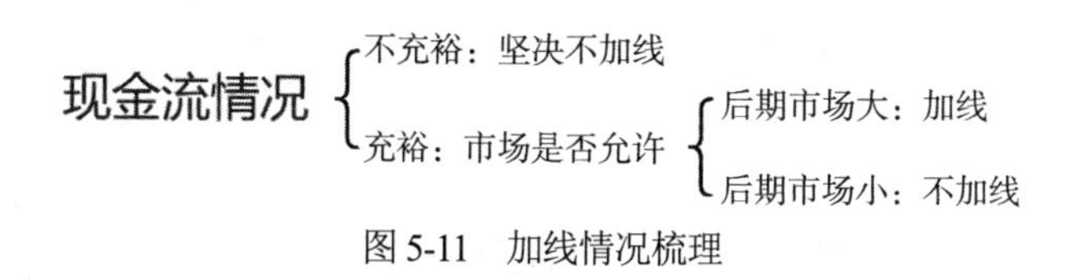

图 5-11　加线情况梳理

沙盘比赛和现实中的企业运营有诸多的共通之处，特别是在现金运作方面。企业扩张时一定要注意自身的资金流情况，在现实企业中，因步子迈太大，企业现金断流而破产的例子屡见不鲜。这种情况在沙盘比赛中也常常发生。建线扩张需要参考两方面的数据，分别是企业现金流情况和市场情况。

2) 企业扩张建线

将加线后的现金流预算做到下一年第 1 季度，并预估下一年的广告投放额度，若将下一年广告费扣除，依然不影响企业的正常运营，则视为现金流充裕，可以考虑加线。

加线扩产后也有可能出现无法顺利销售的情况，加线不仅没能让企业赚到钱反而给企业带来了不必要的损失。所以企业在加线时需遵循“以销定产”原则，即市场上能卖出多少产品，就生产多少。

附 录

附录A　各年经营用表

第1年资金预算表

项目	第1季度	第2季度	第3季度	第4季长
期初库存现金				
贴现收入				
支付上年应交税				
市场广告投入				
长贷本息收支				
支付到期短贷本息				
申请短贷				
原料采购支付现金				
厂房租买开支				
生产线(新建、在建、转产、变卖)				
工人工资(下一批生产)				
□□收到应收款				
产品研发				
支付管理费用及厂房续租				
市场及ISO开发(第4季度)				
设备维护费用				
违约罚款				
其他				
库存现金余额				

要点记录

第1季度：________________________________

第2季度：________________________________

第3季度：________________________________

第4季度：________________________________

年底小结：________________________________

第 1 年经营流程表

	手工操作流程	系统操作	手工记录			
年初	新年度规划会议					
	广告投放	输入广告费，确认				
	选单/竞单/登记订单	选单				
	支付应付税	系统自动				
	支付长贷利息	系统自动				
	更新长期贷款/长期贷款还款	系统自动				
	申请长期贷款	输入贷款数额并确认				
1	季初盘点(请填余额)	产品下线，生产线完工(自动)				
2	更新短期贷款/短期贷款还本付息	系统自动				
3	申请短期贷款	输入贷款数额并确认				
4	原材料入库/更新原料订单	需要确认金额				
5	下原料订单	输入并确认				
6	购买/租用厂房	选择并确认，自动扣现金				
7	更新生产/完工入库	系统自动				
8	新建/在建/转产/变卖生产线	选择并确认				
9	紧急采购(随时进行)	随时进行输入并确认				
10	开始下一批生产	选择并确认				
11	更新应收款/应收款收现	需要输入到期金额				
12	按订单交货	选择交货订单确认				
13	产品研发投资	选择并确认				
14	厂房出售(买转租)/退租/租转买	选择确认，自动转应收款				
15	新市场开拓/ISO 资格投资	仅第 4 季度允许操作				
16	支付管理费/更新厂房租金	系统自动				
17	出售库存	输入并确认(随时进行)				
18	厂房贴现	随时进行				
19	应收款贴现	输入并确认(随时进行)				
20	季末收入合计					
21	季末支出合计					
22	季末对账[(1)+(20)−(21)]					
年末	缴纳违约订单罚款	系统自动				
	支付设备维护费	系统自动				
	计提折旧	系统自动				
	新市场/ISO 资格换证	系统自动				
	结账					

订单登记表

订单号											合计
市场											
产品											
数量											
账期											
销售额											
成本											
毛利											
未售											

产品销售核算统计表

项目	P1	P2	P3	P4	合计
数量					
销售额					
成本					
毛利					

市场销售核算统计表

项目	本地	区域	国内	亚洲	国际	合计
数量						
销售额						
成本						
毛利						

组间交易明细表

买入			卖出		
产品	数量	金额	产品	数量	金额

第1年财务报表

综合费用表

项目	金额
管理费	
广告费	
设备维护费	
其他损失	
转产费	
厂房租金	
新市场开拓	
ISO资格认证	
产品研发	
信息费	
合计	

利润表

项目	金额
销售收入	
直接成本	
毛利	
综合费用	
折旧前利润	
折旧	
支付利息前利润	
财务费用	
税前利润	
所得税	
年度净利	

资产负债表

项目	金额	项目	金额
现金		长期负债	
应收款		短期负债	
在制品		应交所得税	
产成品		—	—
原材料		—	—
流动资产合计		负债合计	
厂房		股东资本	
生产线		利润留存	
在建工程		年度净利	
固定资产合计		所有者权益合计	
资产总计		负债和所有者权益总计	

注：库存折价拍价、生产线变卖、紧急采购、订单违约及注资记入损失。

第 2 年资金预算表

项目	第 1 季度	第 2 季度	第 3 季度	第 4 季度
期初库存现金				
贴现收入				
支付上年应交税				
市场广告投入				
长贷本息收支				
支付到期短贷本息				
申请短贷				
原料采购支付现金				
厂房租买开支				
生产线(新建、在建、转产、变卖)				
工人工资(下一批生产)				
收到应收款				
产品研发				
支付管理费用及厂房续租				
市场及 ISO 开发(第 4 季度)				
设备维护费用				
违约罚款				
其他				
库存现金余额				

要点记录

第 1 季度：________________

第 2 季度：________________

第 3 季度：________________

第 4 季度：________________

年底小结：________________

第 2 年经营流程表

	手工操作流程	系统操作	手工记录			
年初	新年度规划会议					
	广告投放	输入广告费，确认				
	选单/竞单/登记订单	选单				
	支付应付税	系统自动				
	支付长贷利息	系统自动				
	更新长期贷款/长期贷款还款	系统自动				
	申请长期贷款	输入贷款数额并确认				
1	季初盘点(请填余额)	产品下线，生产线完工(自动)				
2	更新短期贷款/短期贷款还本付息	系统自动				
3	申请短期贷款	输入贷款数额并确认				
4	原材料入库/更新原料订单	需要确认金额				
5	下原料订单	输入并确认				
6	购买/租用厂房	选择并确认，自动扣现金				
7	更新生产/完工入库	系统自动				
8	新建/在建/转产/变卖生产线	选择并确认				
9	紧急采购(随时进行)	随时进行输入并确认				
10	开始下一批生产	选择并确认				
11	更新应收款/应收款收现	需要输入到期金额				
12	按订单交货	选择交货订单确认				
13	产品研发投资	选择并确认				
14	厂房出售(买转租)/退租/租转买	选择确认，自动转应收款				
15	新市场开拓/ISO 资格投资	仅第 4 季度允许操作				
16	支付管理费/更新厂房租金	系统自动				
17	出售库存	输入并确认(随时进行)				
18	厂房贴现	随时进行				
19	应收款贴现	输入并确认(随时进行)				
20	季末收入合计					
21	季末支出合计					
22	季末对账[(1)+(20)-(21)]					
年末	缴纳违约订单罚款	系统自动				
	支付设备维护费	系统自动				
	计提折旧	系统自动				
	新市场/ISO 资格换证	系统自动				
	结账					

订单登记表

订单号											合计
市场											
产品											
数量											
账期											
销售额											
成本											
毛利											
未售											

产品销售核算统计表

项目	P1	P2	P3	P4	合计
数量					
销售额					
成本					
毛利					

市场销售核算统计表

项目	本地	区域	国内	亚洲	国际	合计
数量						
销售额						
成本						
毛利						

组间交易明细表

买入			卖出		
产品	数量	金额	产品	数量	金额

第 2 年财务报表

综合费用表

项目	金额
管理费	
广告费	
设备维护费	
其他损失	
转产费	
厂房租金	
新市场开拓	
ISO 资格认证	
产品研发	
信息费	
合计	

利润表

项目	金额
销售收入	
直接成本	
毛利	
综合费用	
折旧前利润	
折旧	
支付利息前利润	
财务费用	
税前利润	
所得税	
年度净利	

资产负债表

项目	金额	项目	金额
现金		长期负债	
应收款		短期负债	
在制品		应交所得税	
产成品		—	—
原材料		—	—
流动资产合计		负债合计	
厂房		股东资本	
生产线		利润留存	
在建工程		年度净利	
固定资产合计		所有者权益合计	
资产总计		负债和所有者权益总计	

注：库存折价拍价、生产线变卖、紧急采购、订单违约及注资记入损失。

第 3 年资金预算表

项目	第 1 季度	第 2 季度	第 3 季度	第 4 季度
期初库存现金				
贴现收入				
支付上年应交税				
市场广告投入				
长贷本息收支				
支付到期短贷本息				
申请短贷				
原料采购支付现金				
厂房租买开支				
生产线(新建、在建、转产、变卖)				
工人工资(下一批生产)				
收到应收款				
产品研发				
支付管理费用及厂房续租				
市场及 ISO 开发(第 4 季度)				
设备维护费用				
违约罚款				
其他				
库存现金余额				

要点记录

第 1 季度：________________________________

第 2 季度：________________________________

第 3 季度：________________________________

第 4 季度：________________________________

年底小结：________________________________

第 3 年经营流程表

	手工操作流程	系统操作	手工记录			
年初	新年度规划会议					
	广告投放	输入广告费，确认				
	选单/竞单/登记订单	选单				
	支付应付税	系统自动				
	支付长贷利息	系统自动				
	更新长期贷款/长期贷款还款	系统自动				
	申请长期贷款	输入贷款数额并确认				
1	季初盘点(请填余额)	产品下线，生产线完工(自动)				
2	更新短期贷款/短期贷款还本付息	系统自动				
3	申请短期贷款	输入贷款数额并确认				
4	原材料入库/更新原料订单	需要确认金额				
5	下原料订单	输入并确认				
6	购买/租用厂房	选择并确认，自动扣现金				
7	更新生产/完工入库	系统自动				
8	新建/在建/转产/变卖生产线	选择并确认				
9	紧急采购(随时进行)	随时进行输入并确认				
10	开始下一批生产	选择并确认				
11	更新应收款/应收款收现	需要输入到期金额				
12	按订单交货	选择交货订单确认				
13	产品研发投资	选择并确认				
14	厂房出售(买转租)/退租/租转买	选择确认，自动转应收款				
15	新市场开拓/ISO 资格投资	仅第 4 季度允许操作				
16	支付管理费/更新厂房租金	系统自动				
17	出售库存	输入并确认(随时进行)				
18	厂房贴现	随时进行				
19	应收款贴现	输入并确认(随时进行)				
20	季末收入合计					
21	季末支出合计					
22	季末对账[(1)+(20)−(21)]					
年末	缴纳违约订单罚款	系统自动				
	支付设备维护费	系统自动				
	计提折旧	系统自动				
	新市场/ISO 资格换证	系统自动				
	结账					

订单登记表

订单号											合计
市场											
产品											
数量											
账期											
销售额											
成本											
毛利											
未售											

产品销售核算统计表

项目	P1	P2	P3	P4	合计
数量					
销售额					
成本					
毛利					

市场销售核算统计表

项目	本地	区域	国内	亚洲	国际	合计
数量						
销售额						
成本						
毛利						

组间交易明细表

买入			卖出		
产品	数量	金额	产品	数量	金额

第3年财务报表

综合费用表

项目	金额
管理费	
广告费	
设备维护费	
其他损失	
转产费	
厂房租金	
新市场开拓	
ISO资格认证	
产品研发	
信息费	
合计	

利润表

项目	金额
销售收入	
直接成本	
毛利	
综合费用	
折旧前利润	
折旧	
支付利息前利润	
财务费用	
税前利润	
所得税	
年度净利	

资产负债表

项目	金额	项目	金额
现金		长期负债	
应收款		短期负债	
在制品		应交所得税	
产成品		—	—
原材料		—	—
流动资产合计		负债合计	
厂房		股东资本	
生产线		利润留存	
在建工程		年度净利	
固定资产合计		所有者权益合计	
资产总计		负债和所有者权益总计	

注：库存折价拍价、生产线变卖、紧急采购、订单违约及注资记入损失。

第 4 年资金预算表

项目	第 1 季度	第 2 季度	第 3 季度	第 4 季度
期初库存现金				
贴现收入				
支付上年应交税				
市场广告投入				
长贷本息收支				
支付到期短贷本息				
申请短贷				
原料采购支付现金				
厂房租买开支				
生产线(新建、在建、转产、变卖)				
工人工资(下一批生产)				
收到应收款				
产品研发				
支付管理费用及厂房续租				
市场及 ISO 开发(第 4 季度)				
设备维护费用				
违约罚款				
其他				
库存现金余额				

要点记录

第 1 季度：________________________________

第 2 季度：________________________________

第 3 季度：________________________________

第 4 季度：________________________________

年底小结：________________________________

第 4 年经营流程表

	手工操作流程	系统操作	手工记录			
年初	新年度规划会议					
	广告投放	输入广告费，确认				
	选单/竞单/登记订单	选单				
	支付应付税	系统自动				
	支付长贷利息	系统自动				
	更新长期贷款/长期贷款还款	系统自动				
	申请长期贷款	输入贷款数额并确认				
1	季初盘点(请填余额)	产品下线，生产线完工(自动)				
2	更新短期贷款/短期贷款还本付息	系统自动				
3	申请短期贷款	输入贷款数额并确认				
4	原材料入库/更新原料订单	需要确认金额				
5	下原料订单	输入并确认				
6	购买/租用厂房	选择并确认，自动扣现金				
7	更新生产/完工入库	系统自动				
8	新建/在建/转产/变卖生产线	选择并确认				
9	紧急采购(随时进行)	随时进行输入并确认				
10	开始下一批生产	选择并确认				
11	更新应收款/应收款收现	需要输入到期金额				
12	按订单交货	选择交货订单确认				
13	产品研发投资	选择并确认				
14	厂房出售(买转租)/退租/租转买	选择确认，自动转应收款				
15	新市场开拓/ISO 资格投资	仅第 4 季度允许操作				
16	支付管理费/更新厂房租金	系统自动				
17	出售库存	输入并确认(随时进行)				
18	厂房贴现	随时进行				
19	应收款贴现	输入并确认(随时进行)				
20	季末收入合计					
21	季末支出合计					
22	季末对账[(1)+(20)-(21)]					
年末	缴纳违约订单罚款	系统自动				
	支付设备维护费	系统自动				
	计提折旧	系统自动				
	新市场/ISO 资格换证	系统自动				
	结账					

订单登记表

订单号											合计
市场											
产品											
数量											
账期											
销售额											
成本											
毛利											
未售											

产品销售核算统计表

项目	P1	P2	P3	P4	合计
数量					
销售额					
成本					
毛利					

市场销售核算统计表

项目	本地	区域	国内	亚洲	国际	合计
数量						
销售额						
成本						
毛利						

组间交易明细表

买入			卖出		
产品	数量	金额	产品	数量	金额

第 4 年财务报表

综合费用表

项目	金额
管理费	
广告费	
设备维护费	
其他损失	
转产费	
厂房租金	
新市场开拓	
ISO 资格认证	
产品研发	
信息费	
合计	

利润表

项目	金额
销售收入	
直接成本	
毛利	
综合费用	
折旧前利润	
折旧	
支付利息前利润	
财务费用	
税前利润	
所得税	
年度净利	

资产负债表

项目	金额	项目	金额
现金		长期负债	
应收款		短期负债	
在制品		应交所得税	
产成品		—	—
原材料		—	—
流动资产合计		负债合计	
厂房		股东资本	
生产线		利润留存	
在建工程		年度净利	
固定资产合计		所有者权益合计	
资产总计		负债和所有者权益总计	

注：库存折价拍价、生产线变卖、紧急采购、订单违约及注资记入损失。

第5年资金预算表

项目	第1季度	第2季度	第3季度	第4季度
期初库存现金				
贴现收入				
支付上年应交税				
市场广告投入				
长贷本息收支				
支付到期短贷本息				
申请短贷				
原料采购支付现金				
厂房租买开支				
生产线(新建、在建、转产、变卖)				
工人工资(下一批生产)				
收到应收款				
产品研发				
支付管理费用及厂房续租				
市场及ISO开发(第4季度)				
设备维护费用				
违约罚款				
其他				
库存现金余额				

要点记录

第1季度：______________________________

第2季度：______________________________

第3季度：______________________________

第4季度：______________________________

年底小结：______________________________

第 5 年经营流程表

	手工操作流程	系统操作	手工记录			
年初	新年度规划会议					
	广告投放	输入广告费，确认				
	选单/竞单/登记订单	选单				
	支付应付税	系统自动				
	支付长贷利息	系统自动				
	更新长期贷款/长期贷款还款	系统自动				
	申请长期贷款	输入贷款数额并确认				
1	季初盘点(请填余额)	产品下线，生产线完工(自动)				
2	更新短期贷款/短期贷款还本付息	系统自动				
3	申请短期贷款	输入贷款数额并确认				
4	原材料入库/更新原料订单	需要确认金额				
5	下原料订单	输入并确认				
6	购买/租用厂房	选择并确认，自动扣现金				
7	更新生产/完工入库	系统自动				
8	新建/在建/转产/变卖生产线	选择并确认				
9	紧急采购(随时进行)	随时进行输入并确认				
10	开始下一批生产	选择并确认				
11	更新应收款/应收款收现	需要输入到期金额				
12	按订单交货	选择交货订单确认				
13	产品研发投资	选择并确认				
14	厂房出售(买转租)/退租/租转买	选择确认，自动转应收款				
15	新市场开拓/ISO 资格投资	仅第 4 季度允许操作				
16	支付管理费/更新厂房租金	系统自动				
17	出售库存	输入并确认(随时进行)				
18	厂房贴现	随时进行				
19	应收款贴现	输入并确认(随时进行)				
20	季末收入合计					
21	季末支出合计					
22	季末对账[(1)+(20)−(21)]					
年末	缴纳违约订单罚款	系统自动				
	支付设备维护费	系统自动				
	计提折旧	系统自动				
	新市场/ISO 资格换证	系统自动				
	结账					

订单登记表

订单号											合计
市场											
产品											
数量											
账期											
销售额											
成本											
毛利											
未售											

产品销售核算统计表

项目	P1	P2	P3	P4	合计
数量					
销售额					
成本					
毛利					

市场销售核算统计表

项目	本地	区域	国内	亚洲	国际	合计
数量						
销售额						
成本						
毛利						

组间交易明细表

买入			卖出		
产品	数量	金额	产品	数量	金额

第 5 年财务报表

综合费用表

项目	金额
管理费	
广告费	
设备维护费	
其他损失	
转产费	
厂房租金	
新市场开拓	
ISO 资格认证	
产品研发	
信息费	
合计	

利润表

项目	金额
销售收入	
直接成本	
毛利	
综合费用	
折旧前利润	
折旧	
支付利息前利润	
财务费用	
税前利润	
所得税	
年度净利	

资产负债表

项目	金额	项目	金额
现金		长期负债	
应收款		短期负债	
在制品		应交所得税	
产成品		—	—
原材料		—	—
流动资产合计		负债合计	
厂房		股东资本	
生产线		利润留存	
在建工程		年度净利	
固定资产合计		所有者权益合计	
资产总计		负债和所有者权益总计	

注：库存折价拍价、生产线变卖、紧急采购、订单违约及注资记入损失。

第 6 年资金预算表

项目	第 1 季度	第 2 季度	第 3 季度	第 4 季度
期初库存现金				
贴现收入				
支付上年应交税				
市场广告投入				
长贷本息收支				
支付到期短贷本息				
申请短贷				
原料采购支付现金				
厂房租买开支				
生产线(新建、在建、转产、变卖)				
工人工资(下一批生产)				
收到应收款				
产品研发				
支付管理费用及厂房续租				
市场及 ISO 开发(第 4 季度)				
设备维护费用				
违约罚款				
其他				
库存现金余额				

要点记录

第 1 季度：

第 2 季度：

第 3 季度：

第 4 季度：

年底小结：

第6年经营流程表

	手工操作流程	系统操作	手工记录			
年初	新年度规划会议					
	广告投放	输入广告费，确认				
	选单/竞单/登记订单	选单				
	支付应付税	系统自动				
	支付长贷利息	系统自动				
	更新长期贷款/长期贷款还款	系统自动				
	申请长期贷款	输入贷款数额并确认				
1	季初盘点(请填余额)	产品下线，生产线完工(自动)				
2	更新短期贷款/短期贷款还本付息	系统自动				
3	申请短期贷款	输入贷款数额并确认				
4	原材料入库/更新原料订单	需要确认金额				
5	下原料订单	输入并确认				
6	购买/租用厂房	选择并确认，自动扣现金				
7	更新生产/完工入库	系统自动				
8	新建/在建/转产/变卖生产线	选择并确认				
9	紧急采购(随时进行)	随时进行输入并确认				
10	开始下一批生产	选择并确认				
11	更新应收款/应收款收现	需要输入到期金额				
12	按订单交货	选择交货订单确认				
13	产品研发投资	选择并确认				
14	厂房出售(买转租)/退租/租转买	选择确认，自动转应收款				
15	新市场开拓/ISO资格投资	仅第4季度允许操作				
16	支付管理费/更新厂房租金	系统自动				
17	出售库存	输入并确认(随时进行)				
18	厂房贴现	随时进行				
19	应收款贴现	输入并确认(随时进行)				
20	季末收入合计					
21	季末支出合计					
22	季末对账[(1)+(20)−(21)]					
年末	缴纳违约订单罚款	系统自动				
	支付设备维护费	系统自动				
	计提折旧	系统自动				
	新市场/ISO资格换证	系统自动				
	结账					

订单登记表

订单号											合计
市场											
产品											
数量											
账期											
销售额											
成本											
毛利											
未售											

产品销售核算统计表

项目	P1	P2	P3	P4	合计
数量					
销售额					
成本					
毛利					

市场销售核算统计表

项目	本地	区域	国内	亚洲	国际	合计
数量						
销售额						
成本						
毛利						

组间交易明细表

买入			卖出		
产品	数量	金额	产品	数量	金额

第 6 年财务报表

综合费用表

项目	金额
管理费	
广告费	
设备维护费	
其他损失	
转产费	
厂房租金	
新市场开拓	
ISO 资格认证	
产品研发	
信息费	
合计	

利润表

项目	金额
销售收入	
直接成本	
毛利	
综合费用	
折旧前利润	
折旧	
支付利息前利润	
财务费用	
税前利润	
所得税	
年度净利	

资产负债表

项目	金额	项目	金额
现金		长期负债	
应收款		短期负债	
在制品		应交所得税	
产成品		—	—
原材料		—	—
流动资产合计		负债合计	
厂房		股东资本	
生产线		利润留存	
在建工程		年度净利	
固定资产合计		所有者权益合计	
资产总计		负债和所有者权益总计	

注：库存折价拍价、生产线变卖、紧急采购、订单违约及注资记入损失。

生产计划与原料订购

生产线		第1年第1季度	第1年第2季度	第1年第3季度	第1年第4季度	第2年第1季度	第2年第2季度	第2年第3季度	第2年第4季度	第3年第1季度	第3年第2季度	第3年第3季度	第3年第4季度
生产线1	产品												
	原料												
生产线2	产品												
	原料												
生产线3	产品												
	原料												
生产线4	产品												
	原料												
生产线5	产品												
	原料												
生产线6	产品												
	原料												
生产线7	产品												
	原料												
生产线8	产品												
	原料												
生产线9	产品												
	原料												
生产线10	产品												
	原料												
合计	产品												
	原料												

生产线		第4年第1季度	第4年第2季度	第4年第3季度	第4年第4季度	第5年第1季度	第5年第2季度	第5年第3季度	第5年第4季度	第6年第1季度	第6年第2季度	第6年第3季度	第6年第4季度
生产线1	产品												
	原料												
生产线2	产品												
	原料												
生产线3	产品												
	原料												
生产线4	产品												
	原料												
生产线5	产品												
	原料												
生产线6	产品												
	原料												
生产线7	产品												
	原料												
生产线8	产品												
	原料												
生产线9	产品												
	原料												
生产线10	产品												
	原料												
合计	产品												
	原料												

附录B　新创业者实物沙盘分析平台使用说明

首次由系统管理员登录(用户名：admin，密码：1)，系统管理员可以建立多个账套(每个账套为一个教学班)，数量不限，每个账套指定一个运行管理员，管理员列表如图B-1所示。各账套独立运行管理，互不影响。

管理员列表

用户名	班级名称	密码	角色	操作
admin	-	1	系统管理员	
hexl	xg	hexl	教师	

添加用户

图B-1　管理员列表

1. 整体界面

用户列表显示当前所有用户，单击单个用户，可在“用户操作区”中输入或查询与该队相关的信息，包括广告录入(必须分队录入)、订单交货、报表录入、贷款登记、原料登记、开发登记、固定资产登记等，如图B-2所示。

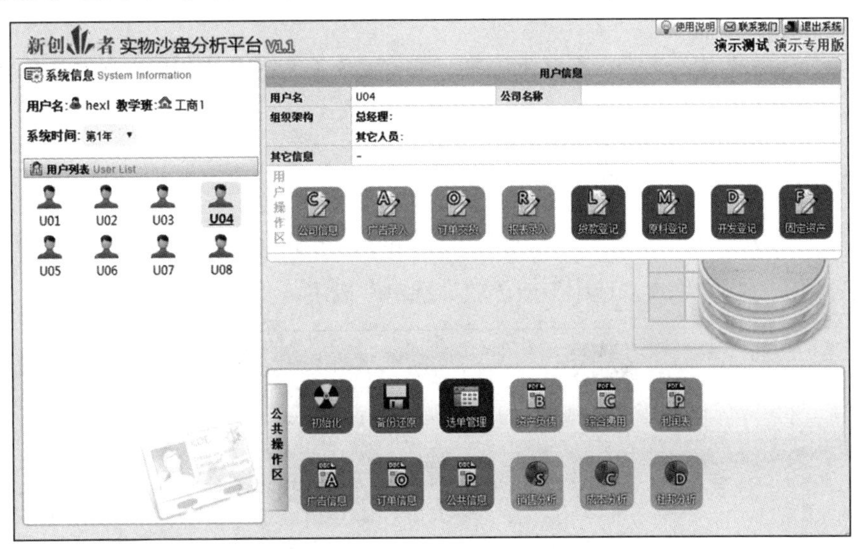

图B-2　实物沙盘分析平台整体界面

“公共操作区”包括两部分内容：一部分是运行管理员对本账套进行初始化和备份还原的操作；另一部分是与所有用户有关的操作，包括选单管理、报表查询、信息查询、分析查询等。

一年经营结束，运行管理员手工切换系统时间至下一年即可。

2. 基本操作流程

本平台中广告录入、选单管理、订单交货、报表录入这 4 项操作是必须要执行的，其他操作可以省略，不影响经营，但影响数据记录的完整性和准确性。

1) 广告录入

需为每一个用户录入广告，如图 B-3 所示。

[U03][第1年]广告录入

产品/市场	本地	区域	国内	亚洲	国际
P1	7	0	0	0	0
P2	0	0	0	0	0
P3	0	4	0	0	0
P4	0	0	0	0	0

信息确认

图 B-3　广告录入

特别提示

相同条件下，先录入广告的用户先选单。请管理员务必根据录入广告表的先后顺序录入广告。

2) 选单管理

在如图 B-4 所示的“选单管理”界面中选择市场和产品，然后单击“开始(重新)选单”按钮。根据各组的选择，单击“选中”或“放弃选单”按钮。

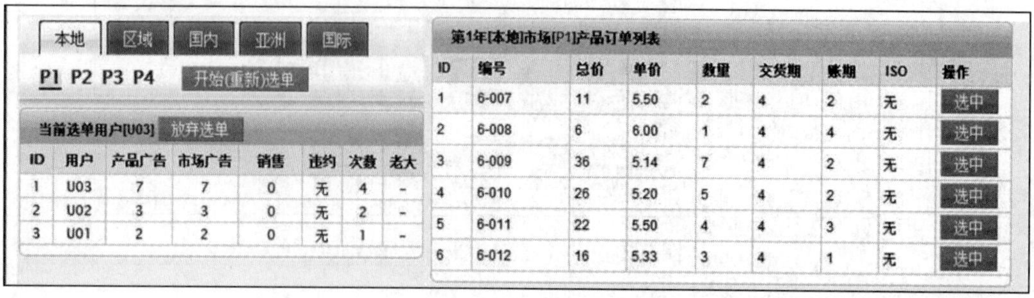

本地 区域 国内 亚洲 国际

P1 P2 P3 P4 开始(重新)选单

当前选单用户[U03] 放弃选单

ID	用户	产品广告	市场广告	销售	违约	次数	老大
1	U03	7	7	0	无	4	-
2	U02	3	3	0	无	2	-
3	U01	2	2	0	无	1	-

第1年[本地]市场[P1]产品订单列表

ID	编号	总价	单价	数量	交货期	账期	ISO	操作
1	6-007	11	5.50	2	4	2	无	选中
2	6-008	6	6.00	1	4	4	无	选中
3	6-009	36	5.14	7	4	2	无	选中
4	6-010	26	5.20	5	4	2	无	选中
5	6-011	22	5.50	4	4	3	无	选中
6	6-012	16	5.33	3	4	1	无	选中

图 B-4　选单管理

特别提示

无论是首次选单还是重新选单必须单击“开始(重新)选单”按钮。如果放弃选单，无论还有几次剩余选单次数，均无再选单的权利。

选单中，如果有误，可以随时对该回合重新选单；也可以不按照(本地，P1)、(本地，P2)、(本地，P3)……(国际，P3)、(国际，P4)的顺序选单；可以随时对任意回合重新选单。选单规则如下。

- 上一年本市场销售排名第一的企业，如果在该市场没有违约记录，则称为“市场老大”，市场老大在本年该市场投入广告的产品中(指所有产品)优先选单(若有几队并列销售第一，则系统随机决定)。
- 按照各企业在某回合投放广告费的多少，排定选单顺序。
- 如果在某回合中投入的广告费相同，则按照投入本市场的广告费总和(即 P1、P2、P3 和 P4 的广告费之和)，排定选单顺序。
- 如果本市场的广告费总额也一样，则按照上一年本企业在该市场上实现的销售额排名，排定选单顺序。
- 如果上一年实现的销售额也相同，则先投广告者先选。

3) 订单交货

操作员可以选择各用户的订单交货时间，如图 B-5 所示。

[U02][第1年]订单管理

ID	订单编号	年份	市场	产品	数量	总价	交货期	账期	ISO	操作
8	6-008	1	本地	P1	1	6	4	4	无	第一季度交货
11	6-011	1	本地	P1	4	22	4	3	无	未交货
12	6-012	1	本地	P1	3	16	4	1	无	未交货

图 B-5 订单交货时间

特别提示

可以通过交货时间来核查应收款。请尽量准确记录，销售分析、利润表销售额、直接成本取数都与交货记录的准确性相关。

4) 报表录入

综合费用表、利润表与资产负债表的录入情况如图 B-6 所示。

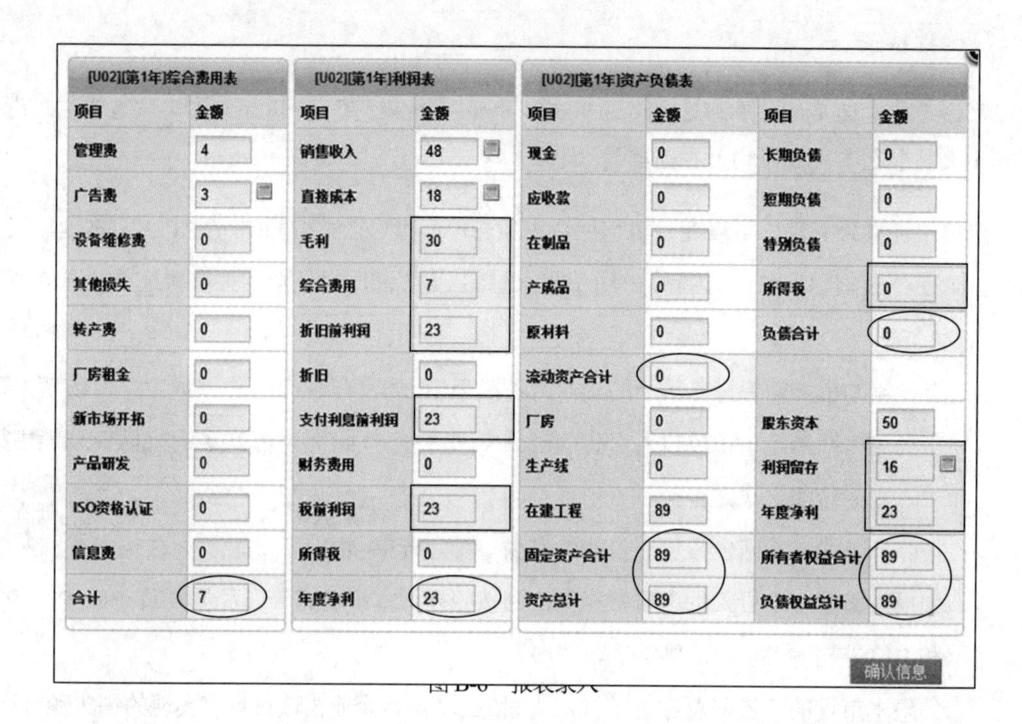

图 B-6 报表录入

图中框线部分为自动计算生成，不可手工更改，圆圈部分为合计。其中广告费、销售收入、直接成本、利润留存 4 项旁边有“小算盘”按钮，表示如果关联数据改动，则需要重新取数计算，为保证数据不出错，最好每次录入报表的时候都单击此按钮。

3. 其他操作

1) 用户操作区

- 公司信息：用于录入公司相关信息，录入完成，单击该用户完成信息刷新。
- 贷款登记：用于记录各队长贷、短贷及其他贷款借还情况。

特别提示

最大贷款额=上年权益×3-上年报表所有贷款，具体贷款可由教师决定。

- 原料登记：用于记录各队原料订购情况。
- 开发登记：用于记录各队生产资格、市场资格、ISO 开发完成情况。
- 固定资产：用于记录各队厂房、生产线使用及拥有情况。

2) 公共操作区

- 初始化：可以选择订单方案、队数、市场老大、各要素分值，如图 B-7 所示。初始化后不可更改，请务必谨慎操作。

数据初始化	
订单方案	6 ▼
队数	8 队
市场老大	◉有 ○无
分值（产品研发）	P1: 7　P2: 8　P3: 9　P4: 10
分值（市场研发）	本地: 7　区域: 7　国内: 8　亚洲: 9　国际: 10
分值（ISO研发）	ISO9000: 8　ISO14000: 10
分值（生产线）	手工: 5　半自: 6　柔性: 10　全自: 8　超手: 7　租赁: 0
分值（厂房）	小厂房: 8　中厂房: 9　大厂房: 10
	确认初始化

图 B-7　数据初始化

特别提示

本平台订单是灵活的，可以用订单工具生成。

- 备份还原：用于备份还原本账套数据。各账套数据之间相互独立，互不影响。
- 资产负债：用于查询各队历年资产负债表。
- 综合费用：用于查询各队历年综合费用表。
- 广告信息：用于查询各队广告投放情况。
- 订单信息：用于查询订单整体情况，包括订单归属、交单情况。
- 公共信息：用于查询各队利润、权益、分值及市场老大情况。

分值计算公式如下。

分值＝经营最后一年所有者权益×(1＋企业综合发展潜力/100)

企业综合发展潜力＝市场资格分值＋ISO 资格分值＋生产资格分值＋各条生产线分值＋厂房分值

其中，各要素分值在初始化时决定，中途不可随意更改。各类资格开发情况、生产厂房拥有情况需要在系统中登记，如果租用厂房，则不计算分值，请不要登记。

销售分析、成本分析、杜邦分析请查看经营分析。

附录C　百树电子沙盘V4.3(人机/人人)安装说明

百树电子沙盘V4.3兼容创业者、商战、人机对抗，可以通过www.135e.com下载安装程序①。安装步骤如下所示。

(1) 在计算机中安装电子沙盘程序(使用默认路径，在360安全卫士中将其设置成信任文件，如果为Windows 7及以上系统，则执行“右击→以管理员身份运行”命令运行)，安装结束后启动程序，将会弹出如图C-1所示的对话框。

图C-1　安装后启动程序

(2) 使用手机关注“百树电子沙盘”(或搜索GT135E)微信公众号，或扫描如图C-2所示的二维码(加密狗用户需要事先激活加密狗)。

图C-2　公众号二维码

(3) 进入公众号的用户中心修改个人资料，如图C-3所示。之后扫描图C-1中心的二维码购买相应服务，启用相应功能(加密狗用户需要通过微信支付0.01元)。

① 服务器必须联网，推荐使用谷歌浏览器。

图 C-3 修改个人资料

(4) 关闭并重启程序，重启后如图 C-4 所示。

图 C-4 重启程序

(5) 系统管理员用账户为“admin”，密码为“1”的账户登录，登录网址为“http://服务器IP:端口号”。

参 考 文 献

[1] 何晓岚，金晖. 商战实践平台指导教程[M]. 北京：清华大学出版社，2012.
[2] 路晓辉. ERP 制胜——有效驾驭管理中的数字[M]. 北京：清华大学出版社，2005.
[3] 路晓辉，陈晓梅. 沙盘模拟原理及量化剖析[M]. 北京：化学工业出版社，2010.